Die Faszination der fliegenden Kugeln

Dieses Buch ist den Menschen auf dem blauen Planeten gewidmet, die vor Lebensfreude sprühen und dieser Ausdruck geben möchten.

W0295888

Klaus Scheuermann

ist Jahrgang 1964 und freiberuflicher Pädagoge, Autor und Künstler. Er befasst sich seit zehn Jahren mit Jonglieren und lebt in Pegnitz, Nordbayern. Seine beruflichen und privaten Interessen sind vielseitig: Erlebnispädagogik, Design und Herstellen von Möbeln und vor allem Fernreisen sind seine Leidenschaften. Während einer solchen Reise wurde seine Faszination für die fliegenden Kugeln geweckt. Als begeisterter Tänzer haben ihn diese „Erfüllungsgehilfen zum Glück" sofort in ihren Bann gezogen. Klaus Scheuermann tritt mit den fliegenden Kugeln (Pois) auf. Seine Spezialität sind Feuershows. Er arbeitet ständig an der Verbesserung des Materials und bietet im pädagogischen und therapeutischen Arbeitsfeld als auch im Fortbildungsbereich Workshops an. Die Weiterentwicklung der Theorie und Praxis des Poi-Schwingens liegt ihm sehr am Herzen.

Anmerkung zur dritten überarbeiteten Auflage:

Um einem exakten Schwingen nach Notenwerten und der damit verbundenen Bewegungsabfolge gerecht zu werden, war es notwendig, die beiden Symbole für das Schwungbild des *Abendrot* zu vertauschen.

Außerdem sind den Rhythmus-Schemata in der Zählfolge für die Parallelschwünge Zahlen (Viertelnotenwerte), für die versetzten Schwünge Zahlen und das „&" beigefügt. Dies erleichtert das exakte Schwingen und den folgenden Einstieg in die „Krönung des Poi-Schwingens", dem Schwingen nach Noten.

Pegnitz, im November 2004

Klaus Scheuermann

Umschlag: Manuel Schlüter, Michaela Hartmann und Klaus Scheuermann
Abbildungen: Marina Unglaub und Klaus Scheuermann

Zechthof 11, 91257 Pegnitz
Tel. 09241/809596, e-mail: PoiKlaus@web.de,
Internet: www.artofpoi.de

1. Auflage 2002
2. Auflage 2002
3. Auflage 2004

Druck und buchbinderische Verarbeitung:
Druckerei Weid, Hirschaid

Printed in Germany ISBN 3-926292-10-5

Klaus Scheuermann

Die Faszination der fliegenden Kugeln

Einführung in das Poi-Schwingen

Eigenverlag

Inhalt

Zu diesem Buch

Vor einiger Zeit sind die Pois in mein Leben getreten und haben es verändert. Die Leidenschaft für die fliegenden Kugeln hat mich gepackt und nicht mehr losgelassen. Mit dem Ziel das Poi-Schwingen so einfach wie möglich zu vermitteln, habe ich die folgende Buchstruktur entwickelt:

In Anlehnung an das Schwungbild habe ich den einzelnen Schwüngen und Schwunggruppen Namen gegeben, damit diese von EinsteigerInnen und Interessenten leichter im Gedächtnis behalten werden. Des Weiteren entwickelte ich eine Choreographie-Schrift und Rhythmus-Schemata, damit jeder das Poi-Schwingen genau auf den Musikrhythmus abstimmen und die Pois wie ein Rhythmusinstrument spielen kann. Das ist eine **Neuheit im Jonglierbereich!** Dadurch erweitert sich das Musik- und Körpergefühl und der tänzerische Ausdruck immens. So eignet sich das Poi-Schwingen hervorragend z.B. im Sport- und Rhythmikunterricht oder für Tanzchoreographien. In erster Linie macht das Poi-Schwingen jedoch Spaß. Es steigert die Lebensfreude und die Lust an der Bewegung. So bleibst auch du wie die Pois und unser Planet immer in Bewegung.

In diesem Buch werden Parallelschwünge und vorversetzte Schwünge behandelt. Die vorversetzten Schwünge sind schwieriger zu lernen, und vor allem der Wechsel von parallelen zu versetzten Schwüngen ist nicht ganz einfach! Willst du nur viele unterschiedliche Schwungfiguren beherrschen, dann beschränke dich auf die parallelen Schwünge. Falls du das Poi-Schwingen von der Pike auf lernen möchtest, so verfahre wie in diesem Buch beschrieben.

Dieses Buch ist eine **Einführung** in das Poi-Schwingen. Für weitere Schwungfiguren sei auf spätere Veröffentlichungen verwiesen. Ich habe die Bandbreite der Schwungfiguren für mich selbst bereits stark erweitert.
Jedem Kapitel sind Übungen und Rhythmus-Schemata beigefügt, mit denen du die „einstudierten Schwünge“ vertiefst. Selbstverständlich kannst du auch eigene Übungsschemata entwickeln.

Ich habe in diesem Buch die weibliche und männliche Form der Anrede verwendet, um beiden Geschlechtern gerecht zu werden. In erster Linie benutze ich das persönlichere „du“ als Anrede. Ich kann deine ersten Gehversuche mit den fliegenden Kugeln sehr gut nachempfinden. Poi-Künstlerinnen und Poikünstler weisen eine Seelenverwandtschaft auf.

Alle in diesem Buch verwendeten Symbole und Schwung-Bezeichnungen, insbesondere die metaphorischen Bezeichnungen der Schwungbilder und die Choreographie-Schrift der Rhythmus-Schemata, habe ich selbst entwickelt. Zum Zeichnen von eigenen Rhythmus-Schemata dürfen sie Verwendung finden. Vervielfältigung und der Gebrauch zu anderen Zwecken sind ohne die Genehmigung des Autors allerdings nicht erlaubt.
Über Verbesserungsvorschläge oder Anregungen, auch für die Titel weiterer Veröffentlichungen, bin ich sehr dankbar. Bitte schicke sie an:

Klaus Scheuermann
Zechthof 11
91257 Pegnitz
E-mail: PoiKlaus@web.de
Internet: www.artofpoi.de

Dieses Buch kann auch über diese Adresse bestellt werden.

Jetzt wünsche ich dir viel Spaß mit den Pois und diesem Buch!

Trockau, im März 2002, Klaus Scheuermann

Danksagungen:

An dieser Stelle möchte ich einigen lieben Menschen für Ihre Unterstützung danken: Marina Unglaub, die zusammen mit mir für die graphische Gestaltung verantwortlich ist. Thomas Peek, einem harten Korrekturleser und wichtigem Berater - für seine wertvollen Anregungen. Carola Barthelmann, die das Poi-Schwingen nach diesem Buch in kürzester Zeit lernte, und damit wertvolle Anregungen gab. Karin Sauerbier, für die graphische Beratung und die wegen Poi-Schwingens zwei Wochen krank geschrieben wurde. Thomas Knauber, der eine weitere Korrekturlesung vornahm. Jürgen Hubert, der mit mir gemeinsam Filmaufnahmen machte, um die einzelnen Schwungfiguren zu analysieren. Herbert Höpfner, der dieser Arbeit den letzten stilistischen Schliff gab. Manuel Schlüter und Michaela Hartmann, die gemeinsam mit mir das Titelbild erstellten. Allen meinen Freunden, die mich in der Zeit der Entstehung dieses Buches mit meinen Anliegen unterstützten.

Das Poi verändert dein Leben – oder: Lebensfreude und Erfüllung haben einen Namen

Gerade telefoniere ich mit meinem Freund. Er beobachtet mich seit einem halben Jahr mit fragenden Augen. Denn seit einem Wochenende im April 2001 bin ich von den fliegenden Kugeln (Pois) fasziniert, ja schon fast besessen. Seit dieser Zeit habe ich stunden- und tagelang trainiert. Die Pois wurden zu einem festen Bestandteil meines Lebens. Viele Einsichten habe ich durch sie gewonnen. Ich fand mehr innere Ruhe und wurde emotional ausgeglichener. Ich kann mit diesem Medium meiner Lebensfreude und dem Spaß an der Bewegung besser Ausdruck geben. Meine Selbstdisziplin hat sich verbessert und ich bin mit mir selbst zufriedener geworden. Mit Hilfe der Pois kann ich im Training und den Shows meine Gefühlsstimmungen sehr gut ausdrücken und in mich selbst versinken. Es ist ein wunderbares Gefühl abzutauchen! Wegen dieser schönen Erlebnisse und der Veränderungen, die mit meiner Persönlichkeit einher gingen, habe ich dieses Buch geschrieben. Ich möchte anderen den Weg in diese Welt öffnen!
Am Anfang will ich einige witzige und nette Begebenheiten schildern, die ich während des Poi-Schwingens erlebt habe:

Ich übe im Sommer an einem Grillplatz. Hierher kommen oft Gruppen zum Feiern. Eine Gruppe russischer Aussiedler beobachtete das Spiel und lud mich zu ihrer Party ein. Die Kinder und Jugendlichen waren fasziniert, applaudierten und wollten selbst die Pois schwingen. Eine Art von Kommunikation, die sprachliche Barrieren überwinden kann. Wir hatten eine schöne Zeit.

Manchmal vertiefe ich die Schwünge während eines Spaziergangs oder laufe auf einer Wiese auf und ab. Hier hat mich ein Bekannter aus der Ferne vom Jägerstand aus beobachtet. Zunächst sah er nur eine Person, die stundenlang irgendwelche ungewöhnlichen Bewegungen ausführte. Er konnte sich dieses Phänomen nicht erklären. Nach einer Show sprach er mich darauf an und verstand nun den Sinn des Wahnsinns.

Am Anfang übte ich viel in meiner kleinen Mansardenwohnung. Die Zimmerdecke war sehr niedrig, aber bei Regen gab es keine andere Möglichkeit. Während des stundenlangen Übens habe ich es schließlich geschafft, mindestens ein Dutzend Glühlampen „abzuschießen". Selbst der kleinste Raum kann Leidenschaft nicht in Grenzen weisen.

Für eine Show hatte ich eine Schwung-Choreographie zu einem Musikprogramm einstudiert. Während der Aufführung versagte aus unerfindlichen Gründen die Musikanlage. Der Bandgitarrist spielte spontan und unplugged: „Nothing else matters" von Metallica. Eine schöne Metapher für die - mich selbst am meisten überwältigende - Show.

Das Werkzeug – oder: Erfüllungsgehilfen zum Weg ins Glück

Das Poi besitzt drei Grundbestandteile, die in jeder Form variiert werden können:

1. Der Hauptbestandteil, der geschwungen wird: Ist in der Regel eine Kugel oder ein Docht, eventuell mit Schweif.
2. Die Schnur oder die Kette, an welcher der jeweilige Hauptbestandteil befestigt ist.
3. Eine Fixierung für Finger oder Hand, bestehend aus einer Schlaufe oder einer kleineren Holzkugel.

Abbildung Poi

Im Handel sind Anfänger-Pois, Neon-Pois, Pois, die beim Schwingen Geräusche erzeugen, und Feuer-Pois erhältlich. Die Entscheidung für das passende Material ist vom Verwendungszweck und dem Können abhängig. Im Folgenden werden die Materialien kurz beschrieben.

Anfänger-Pois
Das Hauptstück dieser Pois besteht aus einer mit Schweif besetzten Kugel. Der Schweif betont die Drehbewegung. Das Material ist robust und für Anfänger gut geeignet. Am Ende der Verbindungsschnur ist eine Schlaufe zum Einhacken der Finger angebracht. Sie sind für alle Lernstadien gut geeignet. Der Schweif kann am Anfang hinderlich sein: Wenn die Schwünge nicht exakt ausgeführt werden, verknoten sich die Schweife miteinander! Ich habe meine Schweife verkürzt.

Neon-Pois
Diese sind den Anfänger-Pois sehr ähnlich. Sie unterscheiden sich dadurch, dass Schweif, Kugel und Schnur neonfarben sind. Bei Auftritten mit Schwarzlicht-Beleuchtung sind sie sehr effektvoll. Allerdings kann auch hier der Schweif am Anfang hinderlich sein, da sich die Schweife bei nicht exakt ausgeführten Schwüngen ebenfalls verknoten.

Pois, die beim Schwingen Geräusche erzeugen
Sie unterscheiden sich im Aufbau von den ersten beiden Varianten durch die Schweife. Der Schweif besteht aus mehreren Bändern. Wenn die Schweife verknoten, reißen die an den Hauptstücken befestigten Schnüre aus. Es ist deshalb als Anfänger nicht empfehlenswert, Pois mit mehrbändigen Schweifen zu verwenden. Allerdings lassen sich die Schweife entfernen. Verwendet man die Hauptstücke ohne Schweif, sind sie für Anfänger sehr gut geeignet. Die Pois verknoten weniger oft, bei nicht exakt ausgeführten Schwüngen.

Feuer-Pois mit Fingerschlaufen
Diese Pois haben als Hauptstücke Dochte, welche in eine brennbare Flüssigkeit getaucht und entzündet werden können. Damit ergeben sich in der Dämmerung und in der Nacht tolle Feuereffekte. An Ketten befestigt und über eine Zweifingerschlaufe geschwungen lassen sich die Dochte sehr gut führen. Die Feuer-Pois sollten allerdings nur von geübten Spielern verwendet werden.

Achtung:

Die Verwendung von Feuer-Pois ist gefährlich! Du solltest die Schwünge gut beherrschen, bevor du mit brennenden Dochten Pois spielst. Es besteht eine hohe Verletzungsgefahr am gesamten Körper – vor allem am Kopf. Ein verantwortungsvoller Umgang ist unbedingt Voraussetzung!

Im Vergleich zu den nicht entzündbaren Pois erfordert es mehr Muskelkraft, diese Pois zu schwingen. Das Material ist härter, d.h. ein Schlag gegen Körperpartien mit einem Feuer-Poi ist wesentlich schmerzhafter und mit größeren Verletzungen verbunden als mit anderen Poi-Varianten. Selbst wenn das Poi nicht brennt, und du sogenannte „Trockenübungen" trainierst, ist dies der Fall!

Feuer-Pois mit Handkugeln
Zur Zeit im Handel erhältliche Feuer-Pois tragen geflochtene Dochte als Hauptstücke. Sie sind über Ketten mit einer Holzkugel verbunden. Die Ketten werden an Schnüre befestigt, die zusätzlich als Handschlaufen dienen. Die Handschlaufen haben den Zweck, die Pois beim möglichen Entgleiten der Holzkugel durch die Finger abzubremsen, und so ein unkontrolliertes Entgleiten zu verhindern. Trotzdem ist diese Variante nur bedingt für die Darbietung von Feuershows geeignet! Diese Pois haben zwar ein gutes Schwungverhalten, doch kann sich durch langes Schwingen der Knoten an der Schnur zur Holzkugel lockern. Die Kette schiebt sich nach vorne, und die Schnur an der Holzkugel reißt durch die Reibung an der Holzkugel. Als Folge löst sich die Kette mit dem - im günstigeren Fall nicht brennenden - Docht und kann Zuschauer verletzen. **Zur sicheren Verwendung dieser Pois ist es deshalb**

wichtig, dass der Schnurknoten immer sehr straff an der Holzkugel sitzt. Diesen solltest du spätestens nach einer Stunde „Trockenübungen“ bzw. nach 30 Minuten mit brennenden Dochten stets kontrollieren - bei extremer Belastung und schnell gespielten Pois in noch kürzeren Abständen!

Das Spiel mit dem Feuer – oder:
Für alle Pyromanen

Hier noch einige Tipps zum Spielen der Feuer-Pois:

1. Es ist nicht ratsam, Feuer-Pois in geschlossenen Räumen oder in der Nähe explosiver bzw. leicht brennbarer Stoffe zu spielen. Während der Rotationsbewegung wird durch die Fliehkraft Brennstoff verschleudert. Dies bedeutet nicht nur eine erhebliche Brandgefahr, sondern auch eine Raumbelastung durch Verschmutzung mit Brennstoff!

2. Halte stets genügend Abstand zu anderen Personen! Sicherheit hat erste Priorität!

3. Bei Auftritten stehst du vor allem am Anfang unter einer größeren psychischen Belastung. Durch Nervosität und Lampenfieber unterlaufen beim Poi-Spielen leichter Fehler. Kalkuliere dies vor der Show mit ein!

4. Verwende für Feuershows nur Brennstoffe mit relativ hohem Flammpunkt, z.B. Diesel, Petroleum, Heizöl oder Biodiesel. Diese brennen länger und die Gefahr dass brennende Tropfen verspritzen, wie beispielsweise bei Benzin, ist nicht so hoch. Ich persönlich verwende parfümiertes Heizöl. Es ist nicht die optimale Lösung, doch zumindest wird die Geruchsbelästigung gedämpft!

5. Du solltest brennende Pois nicht unter Alkohol-, Drogeneinfluss, oder sonstigen bewusstseinsverändernden Stoffen spielen. Dadurch verlangsamt sich das Reaktionsvermögen und du kannst die Pois nicht mehr exakt spielen. Ich machte die schmerzhafte Erfahrung, dass mir während einer Show unter Alkoholeinfluss die Hälfte meiner Haare vom Kopf brannten.

Heimwerkerpois – oder: Selbst ist die Poi-Spielerin oder der Poi-Spieler:
Durch stundenlanges Üben und meine daraus resultierende stille, gedankenverlorene, meditative und kreative Stimmung entwickelte ich Ideen, um die im Handel erhältlichen Pois zu verändern:

1. Die Hauptstücke herkömmlicher Pois können durch viele Dinge ersetzt werden, z.B. durch Spiegelkugeln oder größere und kleinere Bälle. Das ermöglicht interessante Showeffekte. Der Phantasie sind hierbei keine Grenzen gesetzt.

2. Die Dochte der Feuer-Pois können durch Metallplatten ersetzt werden. Das erhöht beim Schwingen den Adrenalinspiegel und erfordert einen höheren Kraftaufwand.

3. Die Ketten oder Schnüre können verlängert werden. Dadurch kannst du größere Kreise ziehen. Bedenke aber: Je länger die Schnur oder Kette wird, desto mehr Kraft muss für die Schwungbewegung aufgebracht werden, und umso schwieriger sind die Pois zu schwingen! Wenn die Schnüre oder Ketten verkürzt sind, lassen sich die Pois leichter schwingen und die einzelnen Schwungfiguren schneller lernen.

4. Ich habe für die Feuer-Pois eine Holzkugel entwickelt, die das Entgleiten des Dochtes ausschließt. Das Poi zeigt ein besseres Schwungverhalten und ständiges Kontrollieren entfällt. Falls du daran Interesse hast, wende dich direkt an mich: E-Mail: PoiKlaus@web.de oder Internet: www.artofpoi.de.

Achtung:

Solltest du anfangen selbst Pois zu entwickeln oder zu verändern, sei dir bewusst, dass diese Versuche zunächst nicht ausgereift sind. Sie stellen potenzielle Gefahrenquellen vor allem für dich, aber auch für andere Personen dar! Es ist sehr gefährlich die Dochte von Feuer-Pois durch selbst hergestellte brennende Endstücke zu ersetzen! Das ist eine Waffe, mit der du dich selbst und andere sehr gefährdest!

Erprobe deine eigenen Entwicklungen erst ausreichend, bevor du damit einen Auftritt wagst.

Bedenke: Andere Gegenstände haben ein anderes Flugverhalten und erfordern beim Schwingen unter Umständen mehr Konzentration und Kraft!

Rund ums Poi-Schwingen – oder: Die Philosophie von zwei fliegenden Kugeln

Poi-Schwingen ist vor allem Ausdruck von Lebensfreude und der Spaß an der Bewegungskunst. Es kann eine positive Lebenseinstellung fördern und die Persönlichkeit reifen lassen. Letztendlich hat mich der Spaß am Spielen der Pois motiviert dieses Buch zu schreiben. Ich möchte diese Facette von Lebensfreude anderen eröffnen! Auch dir wird bewusst werden, welche Auswirkungen diese fliegenden Kugeln auf dich und andere in deinem Umfeld haben. Den Ausspruch: „Wer jongliert hat mehr vom Leben", möchte ich erweitern: „Wer Pois schwingt hat **noch** mehr vom Leben!"

Pois als Spielgeräte

In erster Linie sind Pois reine Spielgeräte und du kannst den spielerischen Umgang damit üben. Es ist zunächst unwichtig Schwünge einzuüben. Nimm ein oder zwei Pois, und versuche ein Gefühl für das Schwingen zu bekommen. Besonders Kindern gelingt das sehr gut. Sie sind unbedarft und gehen ohne großen Anspruch an dieses Spiel. **Bewege dich damit, tanze - drücke dich selbst aus!** Wichtig ist die Kommunikation mit dir selbst und dem Medium Poi. Nur wenn du von der Bewegung begeistert bist, und beim Spielen der Pois Lust und Lebensfreude empfindest, wirst du auf weitere Tanzfiguren stoßen, und die Perfektion dieses Ausdrucks anstreben.

Versuche für dich selbst den Grad zu bestimmen, wie weit du dich mit diesem Medium auseinandersetzen willst. Vielleicht ist es nur spontan oder gelegentlich um manchmal zu entspannen, oder um in dich zu gehen. Vielleicht möchtest du viele Schwungfiguren lernen, um die Pois wie ein Rhythmusinstrument zu spielen. Es ist deine Entscheidung.

Pois für den Körper

Beim Poi-Schwingen werden vor allem Schulterpartien, Oberarmmuskeln und Rückenmuskulatur trainiert. Verschiedene Schwünge über dem Kopf beanspruchen die Bauchmuskulatur. Wenn du dich tänzerisch bewegst, werden viele Körperpartien einbezogen.

Poi-Schwingen erweitert die Beweglichkeit deiner Arme und Hände. Darüber hinaus werden die linke und rechte Hand gleich intensiv trainiert, weil beim Schwingen mit zwei Pois beide gleichermaßen stark beansprucht werden.

Pois für den Geist und die Seele

Dein Konzentrationsvermögen verbessert sich durch das Poi-Schwingen. Die Koordination beider Hände, das Raum-Lage-Verständnis und die Auge-Hand-Koordination unterstützt das beständige Üben. Training und Verbindung beider Gehirnhälften werden durch die beidarmige Bewegung und das Überschreiten der Körperachse gefördert. Dies macht das Spielen der Pois für die Therapie und die Frühförderung sehr interessant.

Das Einüben eines Schwungs erfordert sehr viel Disziplin. Es verbessert somit die Selbstdisziplin. Mit zunehmender Geschwindigkeit werden die Schwünge schneller und das Reaktionsvermögen verbessert sich. Das Ausprobieren neuer Schwungfiguren fördert die Kreativität.

Durch Poi-Spielen kannst du in deine Vorstellungs- und Gefühlswelt abtauchen. Du kannst für dich Stimmungen ausdrücken. Die Musik unterstützt die Stimmungen. Du schwingst die Pois für dich. Selbst wenn du auftrittst, tust du dies zunächst für dich. Versinke in dein Selbst und spüre das Glück, das dich einnimmt.

Pois als Rhythmusinstrument

Poi-Schwingen kannst du in ein Rhythmus-Schema einbinden. Ich tat dies, um für mich beim stundenlangen Üben von Schwung-Kombinationen eine Struktur zu schaffen. Die Konzentrationsfähigkeit hält durch die Rhythmusstruktur länger an. Du kannst die Schwünge in allen möglichen Musiktakten in Form unterschiedlicher Wechsel (z.B. Vierer-, Dreier- und Zweierwechsel) schwingen. Es ist sogar möglich, mit unterschiedlicher Geschwindigkeit der Rotationsbewegung solche Schwünge wie Musiknoten zu spielen.

Pois für die Meditation und Spiritualität

Das Poi-Spielen erzeugt gleichförmig kreisende Bewegungen und formschöne Schwungbilder. Diese sind sehr schön anzuschauen und vermitteln eine meditative harmonische Stimmung. Sowohl in der Gruppe als auch alleine befreit es den Geist und die Seele. Innere Anspannungen lösen sich, Gedanken fliegen und der Weg zu sich selbst, zu anderen Menschen und zur Spiritualität ist geebnet. Es ist ein herrliches Gefühl.

Pois als Mittel zur Selbstdarstellung

Mit Hilfe von Pois kannst du Showeinlagen einüben und vor Publikum präsentieren. In Begleitung mit Musik erzielst du tolle Effekte. Die Schwung-Kombinationen werden auf die Musik abgestimmt. Hier erlebst du die Wirkung deiner Persönlichkeit auf andere. Sie erfahren dein Können in der Kunst der fliegenden Kugeln.

Pois in der Pädagogik und Therapie
Für die Förderung der Motorik, der Körperkoordination, der Konzentration und der Bewegungskunst kann Poi-Spielen im Sportunterricht, in der Jugendarbeit, in der Erwachsenenbildung und in der Therapie gute Erfolge bringen. Das spielerische Erlernen erleichtert die Umsetzung der pädagogischen und therapeutischen Ziele.

Pois als Kommunikationsmittel
Durch die Pois kommunizierst du mit deiner eigenen Person. Die Rückmeldung erfolgt postwendend. War ein Schwung nicht sauber, verknoten sich die Pois und erinnern dich daran, dass sie noch fliegen.
Du kannst gemeinsam mit anderen Personen das Poi-Schwingen lernen und Choreographien einstudieren. Beim gemeinsamen Üben werden sich gruppendynamische Prozesse entwickeln. Poi-Schwingen verbindet.

Pois für jedes Alter:
Während meiner zahlreichen Shows machte ich die Erfahrung, dass Menschen in jeder Altersstufe von dem Spiel der fliegenden Kugeln fasziniert sind. Pois fördern die motorischen Fähigkeiten, das Raum-Lage-Verständnis, die Auge-Hand-Koordination, die Verbindung beider Gehirnhälften, den Aufbau von Muskeln. Sie können somit auch im Fitnessbereich sehr gut eingesetzt werden.

Der Anfang – oder: Müßiggang ist aller Laster Anfang

Der Rahmen sollte stimmen!

Bevor du dich nun in die Welt des Poi-Schwingen begibst, solltest du einige Dinge beachten, die dir das Erlernen erleichtern:

Wo übst du am Besten:
Ich habe die Erfahrung gemacht, dass ich am besten und effektivsten alleine übe. Nur wenn ich das Gefühl habe, absolut ungestört oder nicht von anderen Menschen umgeben zu sein, kann ich mich voll und ganz konzentrieren. Es ist vielleicht schwierig, einen geeigneten Platz zum Trainieren oder Spielen zu finden. Doch manchmal gibt es die Möglichkeit, öffentliche Räume in Schulen, Sporthallen usw. umsonst oder für ein kleines Entgelt zu nutzen.
Ich persönlich trainiere am liebsten bei sonnigem Wetter möglichst spärlich bekleidet und barfuss im Freien. Manchmal begebe ich mich mit den Pois in den Wald. Er wird von wenigen Menschen aufgesucht. Das Gehen bringt etwas Abwechslung in das Üben und ich ermüde nicht so schnell.
Die Räume sollten genug Spielraum nach oben und zur Seite haben, und mit wenig optischen Reizen versehen sein. Besonders geeignet ist ein Raum mit weißen Wänden. Dies fördert deine Konzentration. Bei Regenwetter übe ich in der Turnhalle eines Kindergartens, der nachmittags geschlossen hat. Hier kann ich sogar laut Musik hören.

Wie übst du am besten:
Setze dir ein Zeitlimit. Es gibt Übungsphasen, in denen du konsequent und planmäßig Schwungfiguren einstudierst, und es gibt Pausen, in denen du abschalten solltest. Ich setze mir meist ein Limit von einer Stunde - danach 10 Minuten Pause. Nach drei solcher Phasen pausiere ich mindestens eine Stunde. So habe ich schon bis zu acht Stunden am Tag Pois gespielt. Das ist allerdings nur ein Richtwert. Jeder Mensch hat einen anderen Lern- und Konzentrationsrhythmus. Finde den für dich geeigneten heraus.
Wenn du die Pois aus Spaß an der Freude spielst, kannst du dazu Musik hören. Es macht mehr Spaß mit Musikbegleitung. Die Musikrichtung ist abhängig vom Geschmack. Eine neue Schwungfigur lässt sich aber in der Stille besser einüben. Die Musik beeinträchtigt deine Konzentration.
Soll eine Gruppen-Choreographie einstudiert werden, ist es sinnvoll, dass zunächst jeder einzelne seinen Part übt. Anschließend stimmt ihr das Erlernte aufeinander ab. Das erspart viel Frust.
Trage leichte und bequeme Kleidung, in der du Bewegungs-Freiraum hast. Dein Schuhwerk sollte ebenfalls leicht sein. Für mich ist es sehr wichtig eine gute Verbindung zur Erde zu haben. Schmuck und Brille solltest du ablegen.

Aufwärmen!

Das Poi-Spielen beansprucht Finger-, Hand- und Schultergelenk, sowie Arm- und Schultermuskulatur. Deshalb solltest du vor den Trainingsphasen deine Hand- und Schultergelenke einige Minuten kreisen lassen. Dehne deine Armmuskulatur und den Oberkörperbereich.
Bewege deine Finger wie beim Klavierspielen - das lockert.

Achtung:

Falls dich am Anfang die Begeisterung überkommt, und du deine Finger-, Hand- und Schultergelenke überstrapazierst, ziehst du dir an den Fingern Blasen und Schmerzen zu. In den Handgelenken stellt sich im schlimmeren Fall eine Sehnenscheidenentzündung ein. Bedenke, dass deine Finger-, Hand- und Schultergelenke, sowie deine Muskulatur diese Belastung nicht gewohnt sind!

Eine weitere gute Aufwärmtechnik, um die Beweglichkeit der Handgelenke zu verbessern, ist folgende:
Stelle ein Glas auf deine rechte Handfläche. Nun lasse es wechselweise unter- und oberhalb des rechten Unterarmes - mit der nach oben zeigenden Handinnenfläche - die Form einer Acht beschreiben. Versuche es in beiden Drehrichtungen. Das Glas sollte stets auf der Handfläche senkrecht stehen! Nimm es nun in die linke Hand. Wenn du auch hier beide Richtungen ausreichend geübt hast, nimm zwei Gläser in jeweils eine Hand und lasse sie in entsprechender Haltung gleichzeitig kreisen. Anstatt Gläser kannst du auch Pois verwenden.

Endlich geht es los!

Körperhaltung

Du stehst aufrecht und in lockerer Körperhaltung mit etwas angewinkelten Knien. Die Beine sind leicht gespreizt und der Kopf nach vorne gerichtet. Beim Schwingen kannst du im Schwungrhythmus mitwippen. Diese Bewegung erinnert an die rhythmische Bewegung beim Seilspringen.

Haltung des Poi

Das Poi mit einer Fingerschlaufe nimmst du mit dem Zeigefinger auf. Die Schlaufe legst du auf das mittlere Fingergelenk. Der Finger beschreibt im Profil ein „U“. Du hast die Schlaufe fest ins Fingergelenk geklemmt und führst so das Poi. Die Schlaufe kann auch mit einem anderen Fingern geführt werden. Versuche, welcher Finger für dich am besten geeignet ist. Nach einiger Zeit

solltest du den Finger wechseln, damit einzelne Glieder nicht überbelastet werden.
Zweischlaufige Pois nimmst du in der gleichen Stellung - mit zwei nebeneinander liegenden Fingern. Ist das Handstück eine Kugel, so nimm diese zwischen zwei nebeneinander liegenden Fingern auf, wobei du sie in der oben genannten Stellung festhältst.

Erste Kreise

1. Versuche nun das Poi kreisen zu lassen. Den Schwung gibst du aus dem Handgelenk, ebenso wie die Drehbewegung. Der Arm ist meist leicht angewinkelt. Die Schulter sollte sich möglichst wenig bewegen.

2. Drehe deine Kreise nicht zu schnell. Es ist wichtiger in Form, Bewegung und Geschwindigkeit gleichmäßige Kreise zu beschreiben, als mit dem Poi in einen Geschwindigkeitsrausch zu verfallen. Außerdem schmerzt es am Anfang nicht so sehr, wenn du mit dem Poi auf Tuchfühlung gehst!

Schwierigkeit:

Beim Poi-Schwingen besteht die größte Anforderung darin, gleichmäßige Kreise in Form, Bewegung und Geschwindigkeit zu spielen. Dieser Tatsache wirst du immer wieder beim Erlernen eines neuen Schwunges begegnen. Grundsätzlich sind Gleichförmigkeit und Harmonie wichtiger als Geschwindigkeit. Je einfacher und schöner sich ein Kreisschwung darstellt, umso perfekter ist er einstudiert.

3. Spiele das Poi zunächst nach Lust und Laune, um ein Gefühl dafür zu entwickeln. Erst wenn du glaubst dieses Gefühl zu haben, beginne zunächst mit einer Hand verschiedene Schwünge und Schwungtechniken einzuüben. Am einfachsten spielst du vertikale Kreise vor und neben dem Körper.

Erlernen des Poi-Schwingens

Grundsätzliche Anmerkungen zum Lernen des Poi-Schwingens

Schon beim Ordnen der unterschiedlichen Schwungfiguren stieß ich auf die stattliche Anzahl von 130 verschiedenen Schwüngen für die rechte, und ebenso vielen für die linke Hand. Wenn die Schwünge nun für beide Hände kombiniert werden, und man berücksichtigt, dass die Pois noch zeitlich versetzt zueinander schwingen können, so errechnet sich eine Anzahl von 50.000 bis 100.000 Möglichkeiten. Die Auflistung aller Schwünge würde den Rahmen dieses Buches sprengen. Aus diesem Grund wird hier nur auf eine „kleine, aber besonders wichtige Auswahl“ der prinzipiell möglichen Schwungtechniken eingegangen.
Bei den Schritten zum Lernen verschiedener Schwungfiguren habe ich mich teilweise an meiner eigenen „Poi-Biographie“ orientiert.
Die einzelnen Kapitel sind so aufgebaut, dass du **zunächst** den Schwung mit der **rechten Hand**, dann den mit der **linken Hand** erlernst, und anschließend beide gemeinsam übst.
Ich habe dafür Rhythmus-Schemata entwickelt, in denen bereits erlernte Schwünge mit neu zu lernenden verbunden werden. Durch den Vierer-, Dreier- und den Zweierwechsel näherst du dich der Schwungfigur langsam an.
Bei komplizierteren Schwüngen werde ich auf andere, bereits gelernte Schwünge zurückgreifen, und nötige Hilfestellungen geben. Es ist deshalb wichtig, dass du schrittweise und in der angegebenen Reihenfolge vorgehst. Prinzipiell sind die parallelen Schwungfiguren leichter zu lernen als die versetzten. Wenn du anfangs viele Schwungfiguren lernen möchtest, dann beschäftige dich nur mit den Parallelschwüngen. Nun viel Spaß beim Eintauchen in die unendliche Welt der fliegenden Kugeln!

Anmerkung zum Aufbau dieses Buches – oder: Poi-Schwingen leicht gemacht

Die metaphorische Sprache:

Ich habe für die einzelnen Schwungfiguren - das jeweilige Schwungbild - beschreibende Namen gewählt. Diese werden im weiteren in Kursivschrift gesetzt. Es bedarf vielleicht einiger Phantasie, um dir diese bildhaften Namen vorstellen zu können. Doch werden sie dir helfen, dich leichter an die einzelnen Schwungfiguren zu erinnern.

I. Kreisschwünge

Wagen:

Wenn du die Pois links und rechts vom Körper spielst, so erinnert das an *Räder*. Deine Arme bilden die Achse. Das Gesamtbild ist ein *Wagen*. Stelle dir vor, du bist ein Teil des *Wagens*!
Der *Wagen* kann sich zurück bewegen. Die Pois laufen in deinem unmittelbaren Sichtfeld vor dem Körper von unten nach oben, so als würden sie *zurück rollen*. Wenn sich der *Wagen voran* bewegt, schwingen die Pois hier von oben nach unten.
Das *flinke Rad* bezeichnet einen - im Vergleich zum anderen Rad - um eine halbe Umdrehung vorversetzten Schwung. Dies kann rechts oder links sein.

Sonne:

Schwingst du die Pois im Kreisschwung, so dass sie sich vor deinem Körper kreuzen, wirkt das wie ein Sonnenbild. Die beiden Pois sind zwei *Strahlen der Sonne*. Soll die *Sonne aufgehen,* beschleunigst du die Pois in den Innenkreisen von unten nach oben. Deine Hände bewegen sich dabei aufeinander zu. Für das Bild einer *untergehenden Sonne* beschleunigst du die Pois in den Innenkreisen von oben nach unten. Wieder bewegen sich deine Hände zueinander. Ist es nicht ein schönes Gefühl, die *Sonne* auf- und untergehen zu lassen?
Der *flinke Strahl* bezeichnet einen um eine halbe Umdrehung vorversetzten Schwung. Dies kann rechts oder links sein.

Helikopter:

Spielst du die Pois kreuzend über dem Kopf, so erinnern sie an die beiden *Blätter* eines *Helikopters*. Es scheint so, als *hebe* er *ab,* wenn deine Handinnenflächen nach oben zeigen. Du beschleunigst die Pois in den Innenkreisen von vorne nach hinten. Zeigen die Handinnenflächen nach unten, entsteht die Illusion, dass der *Helikopter landet*. Du beschleunigst die Pois in den Innenkreisen von hinten nach vorne. Das *flinke linke* oder *rechte Blatt* bezeichnet ein um eine halbe Umdrehung vorversetztes Poi.

II. Achterschwünge

Kreuz:
Bei diesen Achterschwüngen aus dem *Wagen* beschreiben die Pois vor deinem Sichtfeld eine diagonale Kreuzbewegung. Es gibt ein *steigendes* und ein *fallendes Kreuz.*

Sternschnuppen:
Diese versetzten Achterschwünge aus dem *Wagen* entstehen durch das kreuzend versetzte *Aufsteigen* oder *Fallen* der Pois in deinem Sichtfeld. Sie sehen wie zwei einander jagende *Sternschnuppen* aus. Es gibt jeweils eine *flinke rechte* und *linke Sternschnuppe*.

Morgenrot:
Ein- und zweihändige Achterschwünge aus der *aufgehenden Sonne* bezeichnen das *Morgenrot*. Es gibt ein *rechtes* (Achterschwung rechts), *linkes* (Achterschwung links) und ein *volles* (beide Achterschwünge gleichzeitig) *Morgenrot*. Dieser Schwung sieht sehr verspielt aus, und ist so schön wie das *Morgenrot* in seinen Farben. Vorversetzte Schwungfiguren werden als *flinker rechter* und *linker Strahl* im jeweiligen *Morgenrot* bezeichnet.

Abendrot:
Ein- und zweihändige Achterschwünge aus der *untergehenden Sonne* bezeichnet das *Abendrot*. Es gibt ein *rechtes, linkes* und ein *volles Abendrot*. Dieser Schwung sieht ebenfalls sehr verspielt aus, und ist so schön wie das *Abendrot* in seinen Farben.
Die vorversetzten Schwungfiguren nenne ich *flinker rechter* und *linker Strahl* im jeweiligen *Abendrot*.

III. Zauberschwünge

Zauberschwung:
Mit dieser Schwungfigur leitest du mit Hilfe eines Umlenkschwunges in eine andere Schwungfigur über, z.B. vom *Wagen* in die *Sonne*. Auf den Zuschauer wirkt ein unerwarteter Zauberschwung wie Magie!

Ankunft:
Den zweihändigen Zauber, also den Wechsel *zurück rollender Wagen* und *untergehende Sonne* und wieder zurück, nenne ich *Ankunft*. Es wirkt, als kehrtest du zur untergehenden Sonne zurück! Außerdem gibt es eine *flinke rechte* und *linke Ankunft*, also vorversetztes Schwingen.

Abschied:
Den zweihändigen Zauber, also den Wechsel *voran rollender Wagen* mit *aufgehender Sonne* und wieder zurück, nenne ich *Abschied*. Es wirkt, als würdest du dein Heim zur aufgehenden Sonne hin verlassen. Wieder gibt es einen *flinken rechten* und *linken Abschied* - vorversetztes Schwingen.

Landung:
Den zweihändigen Zauber, also den Wechsel *zurück rollender Wagen* und *landendem Helikopter* und wieder zurück, nenne ich *Landung*. Es gibt eine *flinke rechte* und *linke Landung* – vorversetztes Schwingen.

Abflug:
Den zweihändigen Zauber, den Wechsel *voran rollenden Wagen* mit *abhebendem Helikopter* und wieder zurück, nenne ich *Abflug*. Es gibt einen *flinken rechten* und *linken Abflug*.

Morgenlandung:
Den zweihändigen Zauber, also den Wechsel *aufgehende Sonne* und *landendem Helikopter* und wieder zurück, nenne ich *Morgenlandung*. Es gibt eine *flinke rechte* und *linke Morgenlandung*.

Abendflug:
Den zweihändigen Zauber, also den Wechsel zwischen *untergehender Sonne* mit *abhebendem Helikopter* und wieder zurück, nenne ich *Abendflug*. Es gibt einen *flinken rechten* und *linken Abendflug*.

Tipp:

Die bildhaften Bezeichnungen eignen sich sehr gut, um das Poischwingen mit einer Geschichte zu verbinden. Du kannst z.B. für dich oder eine Show eine Choreographie einstudieren - Beispiel:
Sie erzählt vom *voran rollenden Wagen* und der Wanderung zur *untergehenden Sonne*. Der *flinke rechte Strahl der untergehenden Sonne* verschönert mit seiner Vorwitzigkeit das Sonnenbild. Anschließend leitest du ins *Abendrot* über und beendest damit die Geschichte.
Es gibt zahlreiche Möglichkeiten. Lasse deiner Fantasie freien Lauf.

Jetzt hast du die Theorie fast geschafft. Allerdings habe ich noch ein Bonbon für dich. Das Symbolsystem versüßt dir das Lernen des rhythmischen Poi-Schwingens. Damit kannst du die Rhythmus-Schemata kinderleicht spielen!

<u>Das Symbolsystem:</u>

Du erlernst das Poi-Schwingen mit seinen verschiedenen Schwungfiguren durch das Kombinieren von bekannten mit neuen Schwüngen. Deshalb habe ich Rhythmus-Schemata mit verschiedenen Schwungwechseln entwickelt. Es gibt einen Viererwechsel, der sich am Vierviertelttakt orientiert. Der Dreierwechsel folgt im Rhythmus des Dreivierteltaktes, und der Zweierwechsel im Zweivierteltakt. Jedem Rhythmus-Schema sind zur Vereinfachung auch Zählfolgen beigefügt. Das Rhythmus-Schema entspricht einem Taktschema, wie es bei Rhythmusinstrumenten geläufig ist. Es setzt sich folgendermaßen zusammen:

Rhythmus-Schemata für eine Hand:

Ist das Rhythmus-Schema nur für eine Hand gezeichnet, so befinden sich in der ersten Spalte der ersten Zeile wahlweise zwei Bezeichnungen:

RH: Rechte Hand
LH: Linke Hand

In den weiteren Spalten der ersten Zeile folgen nun die Symbole für die einzelnen Schwünge. In der ersten Spalte der zweiten Zeile steht folgende Abkürzung:

Z: Für die Zählfolge des Wechsel- oder Rhythmus-Schemas.

In den weiteren Spalten der zweiten Zeile folgt das Zählschema.

Nach einem abgeschlossenen Wechsel habe ich einen Taktstrich gesetzt. Die erste linke und die letzte rechte Begrenzungslinie des Schemas sind Doppellinien und haben die Bedeutung unendlicher Wiederholungszeichen. Dies gilt auch für Rhythmus-Schemata mit zwei Händen.

Rhythmus-Schemata für zwei Hände:

Im Gegensatz zu Rhythmus-Schemata für eine Hand, die zwei Zeilen umfassen, hat dieses Rhythmus-Schema drei Zeilen. Die erste Zeile bezeichnet mit der Abkürzung **RH:** immer die rechte Hand, die zweite Zeile mit der Abkürzung **LH:** immer die linke Hand. In der dritten Zeile ist die Zählfolge abgebildet.
Diese Rhythmus-Schemata lassen sich ähnlich wie Noten für Saiteninstrumente von oben nach unten lesen. Gleichzeitig werden die Schwünge für beide Hände gelesen. Nach einem abgeschlossenen Wechsel folgt ein Taktstrich.

Beispiel eines Rhythmus-Schemas ohne Symbole im Viererwechsel:

RH:								
LH:								
Z:	1	2	3	4	1	2	3	4

Erklärung der Symbole:

Die Symbole sind unterteilt in gerade und gebogene Pfeile. Sie bezeichnen in normaler Größe vereinfacht einen Ausschnitt der vorgesehenen Schwungbahn. Fast immer liegt die Schwungbahn in deinem Sichtfeld, mit Blick nach vorne. Die Pfeilspitze gibt die Schwungrichtung an.

Sind die Pfeile oder Kreise kleiner gezeichnet und nicht fett gedruckt, so nimmst du während des Schwingens einen Großteil der Flugbahn mit Blick nach vorne nicht wahr. Die Schwungbahn liegt unmittelbar hinter dem Körper, seitlich hinter dem Körper oder hinter dem Kopf.

Die Position des Symbols im jeweiligen Kästchen verdeutlicht die Position der Schwungbahn des Poi zum Körper. Ist das Symbol am rechten Rand gezeichnet, so befindet sich die Schwungbahn rechts des Körpers; ist es in der Mitte und hat eine normale Größe, so liegt die Schwungbahn vor dem Körper usw.

Beispiel 1:

Ein Kreisschwung wird rechts neben dem Körper ausgeführt. Die Schwungrichtung erfolgt im Uhrzeigersinn, bzw. im Sichtfeld von unten nach oben.

Beispiel 2:

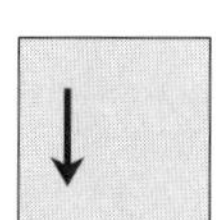

Dieser Kreisschwung wird links neben dem Körper ausgeführt. Die Schwungrichtung erfolgt im Uhrzeigersinn, bzw. im Sichtfeld von oben nach unten.

Beispiel 3:

Der Kreisschwung wird vor dem Körper ausgeführt. Die Schwungrichtung verläuft im Uhrzeigersinn. Dieses Poi spielst du im Vergleich zum anderen um eine halbe Umdrehung vorversetzt, was durch den Strich gekennzeichnet wird.

Beispiel 4:

Ein Kreisschwung wird über dem Kopf ausgeführt - im Sichtfeld von rechts nach links.

Beispiel 5:

Diesen Zauber- oder halben Achterschwung schwingst du von links unten der laufenden Schwungbahn nach rechts oben einer neuen Schwungbahn. Die genaue Positionierung geht im Rhythmus-Schema aus den Symbolen hervor!

Beispiel 6:

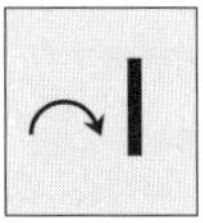

Dieser halbe Achterschwung rotiert links hinter dem Körper. Das Symbol ist verkleinert und nicht fett gedruckt, weil sich der Schwung teilweise deinem Sichtfeld entzieht. Das Poi bewegt sich im oberen Halbkreis der Schwungbahn zur Körperachse hin. Der Strich „**I**“ stellt deine Person dar, um die Positionierung der Schwungbahn besser zu verdeutlichen.

Wichtig:

Bei Schwüngen hinter dem Körper siehst du die Schwungrichtung im Rhythmus-Schema immer aus spiegelverkehrter Perspektive. Beurteile die Schwungrichtung hinter dem Körper nicht nach dem Lauf „im oder gegen den Uhrzeigersinn". Das Poi bewegt sich im oberen Halbkreis der Schwungbahn zur Körperachse hin oder vom Körper weg. In diesem Beispiel führt die Schwungrichtung nach links innen, zum Körper hin. Das Gegenteil wäre nach links außen, vom Körper weg.
Bei Schwüngen über dem Kopf solltest du die Schwungrichtung im vorderen Halbkreis aus deinem Sichtfeld beobachten. Diese verläuft von rechts nach links oder von links nach rechts. Denn auch hier kann die Methode mit dem Uhrzeigersinn zu Verwechselungen führen.

Weiteres Symbol:
Ein „**W**" neben einem Symbol beschreibt einen Wanderschwung. Während eines Wanderschwunges wird nur die Stellung der Pois zum Körper, nicht die Schwungrichtung geändert. Du lässt beispielsweise die Schwungbahn der Pois aus der Position des *voran rollenden Wagen* (neben dem Körper) in die *untergehende Sonne* (vor den Körper) wandern. Wanderschwünge kannst du auch als Hilfsschwünge einsetzen, um einen neuen schwierigen Schwung zu lernen.

Sehr wichtig:

Dem Anhang ist eine Legende mit allen verwendeten Symbolen und den zugeordneten Schwüngen beigefügt. Diese darfst du für Übungszwecke kopieren. Dies gilt auch für die Maske der Rhythmus-Schemata.

Kreisschwünge mit zwei Händen

Kapitel 1: Der Wagen

Der Wagen ist am einfachsten zu lernen und eine Grundfigur für schwierige, darauf aufbauende Schwungfiguren.

Zurück rollender Wagen

Lernziel:
Das gleichzeitige und parallele Schwingen zweier Pois neben dem Körper.

Nimm zunächst ein Poi in die rechte Hand und versuche das *rechte Rad* im *zurück rollenden Wagen* zu schwingen. Dieser Schwung ist einfach zu lernen. Achte auf eine genaue Ausführung nach der Beschreibung. Einstudierte Fehler setzen sich nämlich in anderen, komplizierteren Schwungtechniken fort!

Rechtes Rad* im *zurück rollenden Wagen
Diesen vertikalen Kreisschwung führst du rechts neben dem Körper aus. Der rechte Arm ist leicht angewinkelt, so dass sich die Hand ungefähr in Hüfthöhe bewegt. Deine Handinnenfläche zeigt nach vorne. Die Schwungrichtung verläuft im Uhrzeigersinn. Die Kreise schwingen parallel zum Körperprofil.

Rechtes Rad* im *zurück rollenden Wagen

Tipps für das *rechte* und *linke Rad*:

- Du kannst den Arm nicht lange in dieser Position halten, deshalb lege anfangs viele Pausen ein. Deine Handgelenke sollten stets locker bleiben.
- Achte auf die genaue Ausführung der Kreise. Dieser Schwung ist einfach, doch muss er genau parallel zur Körperachse verlaufen und senkrecht stehen. Am besten übst du vor einem Spiegel oder einer großen Glasscheibe, z.B. Fenster oder Tür.

Wenn du diesen Schwung gleichmäßig und formschön beherrscht, wechsle das Poi in die linke Hand. Lerne das *linke Rad* im *zurück rollenden Wagen*.

Linkes Rad* im *zurück rollenden Wagen

Diesen vertikalen Kreisschwung führst du links neben dem Körper aus. Der linke Arm ist leicht angewinkelt, so dass sich die Hand ungefähr in Hüfthöhe bewegt. Deine Handinnenfläche zeigt nach vorne. Die Schwungrichtung verläuft gegen den Uhrzeigersinn. Die Kreise schwingen parallel zum Körperprofil.

Linkes Rad* im *zurück rollenden Wagen

Wenn du diesen Schwung sicher beherrscht, nimm in jede Hand ein Poi. Schwinge das *rechte* und das *linke Rad* im *zurück rollenden Wagen* gleichzeitig! So wird der parallele Schwung neben dem Körper einstudiert.

Zurück rollender Wagen

Anmerkung zu den Abbildungen:

Das Poi und die Schwungbahn der rechten Hand sind immer in grau - in der linken in schwarz - gezeichnet. Bei manchen Achter- und allen Zauberschwüngen ist der zweite Teilkreis der Schwungfigur, das Poi und die Armhaltung, gestrichelt skizziert.

Tipps für den *zurück rollenden Wagen*:

- Die Kreise sollten nicht versetzt sein oder sich in unterschiedlicher Position zueinander bewegen. Hier ist die Bewegung deiner Handgelenke besonders wichtig. Gib den Schwung gleichmäßig und gleichzeitig mit beiden Handgelenken, und gehe in einen gleich-mäßigen Schwungrhythmus über.
- Du beschleunigst die Pois von unten nach oben.

Herzlichen Glückwunsch!
Du hast das Radfahren und das Zurückfahren mit dem Wagen erlernt. Willkommen im Kreis der Poi-Künstlerinnen und Poi-Künstler!

Flinkes rechtes Rad im zurück rollenden Wagen

Lernziel:
Das rechts um eine halbe Umdrehung vorversetzte Poi-Schwingen neben dem Körper.

Es beginnt mit dem *zurück rollenden Wagen*. Während des Kreisens wird das rechte Poi in der Bewegung von unten nach oben um eine Viertelumdrehung nach vorne beschleunigt. Gleichzeitig verzögerst du das linke Poi um eine Viertelumdrehung. Jetzt drehen beide Pois um eine halbe Umdrehung versetzt. Du gibst den Schwung im Wechsel: Rechtes Handgelenk, linkes Handgelenk, rechtes Handgelenk, linkes Handgelenk. Übe das *flinke rechte Rad im zurück rollenden Wagen* bis du den Schwungrhythmus beherrschst.

Flinkes rechtes Rad im zurück rollenden Wagen

Tipps für das *flinke rechte Rad im zurück rollenden Wagen*:

- Achte genau auf die Bewegung deiner Handgelenke und die wechselnde Beschleunigung rechts, links, rechts, links.
- Zähle beim Schwingen in einem gleichmäßigen Viererrhythmus (1 & 2 & 3 & 4.) Bei „Eins" solltest du das rechte Poi, bei „&" das linke in entsprechender Schwungbahnposition sehen. So ist der Abstand gut zu kontrollieren.
- Während der Rotationsbewegung müssen beide Schnüre oder Ketten in der Verlängerung eine Linie bilden. Nur dann schwingen sie genau um eine halbe Umdrehung zueinander versetzt.

Herzlichen Glückwunsch!
Du spielst den ersten Ausgangsschwung für die *Sternschnuppen*. Bald werden sie erscheinen und du darfst dir etwas wünschen.

Flinkes linkes Rad im zurück rollenden Wagen

Lernziel:
Das links um eine halbe Umdrehung vorversetzte Poi-Schwingen neben dem Körper.

Beginne hierfür wieder mit dem *zurück rollenden Wagen*. Jetzt wird das linke Poi in der Aufwärtsbewegung ein wenig mehr beschleunigt, gleichzeitig das rechte etwas verzögert. Schließlich soll das linke Poi um eine Vierteldrehung vorversetzt rotieren und das rechte um eine Vierteldrehung nach hinten versetzt schwingen. Du gibst den Schwung im Wechsel: Linkes Handgelenk, rechtes Handgelenk, linkes Handgelenk, rechtes Handgelenk. Übe diesen Kreisschwung, bis du den Schwungrhythmus verinnerlicht hast und bis das linke Poi gleichmäßig um eine halbe Umdrehung vorversetzt kreist. Die Schwungbilder *flinkes rechtes Rad* und *flinkes linkes Rad im zurück rollenden Wagen* sind identisch, deshalb auch nur einmal bebildert.

Herzlichen Glückwunsch!
Du hast den Blues. Jetzt kannst du bereits Kreisschwünge kombinieren und die Suchtgefahr stellt sich bald ein!

Übung I:

Lernziel:
Rhythmisches Schwingen von parallelen Schwüngen, und von rechts und links um eine halbe Umdrehung vorversetzten Schwungfiguren im Wechsel.

I a:

Das Poi-Schwingen, und im Besonderen die künstlerische Darbietung, leben durch den Wechsel verschiedener Einzelschwünge oder Schwungfiguren. Um die bisher erlernten Kreisschwünge zu verinnerlichen, und den Wechsel von einzelnen Schwungfiguren zu erlernen, solltest du folgende Kreisschwünge versuchen:
Ausgangsschwung ist der *zurück rollende Wagen*. Diesen schwingst du viermal hintereinander und zählst dabei laut mit. Du schwingst die Pois im Viererwechsel. Auf der zweiten „Eins“ versetzt du das rechte Poi um eine halbe Umdrehung nach vorne, wie beim *flinken rechten Rad im zurück rollenden Wagen*. So schwingst du bis zur „Vier“. Beim erneuten Einsetzen der „Eins“ verzögerst du den Schwung des rechten Poi und beschleunigst das linke. Der Bewegungsablauf entspricht dem Vorversetzen des linken Poi. Dies vollziehst du in der Bewegung von unten nach oben. Beide Pois schwingen wieder parallel wie im Ausgangsschwung. Schwinge nun im Rhythmus viermal die Pois parallel und anschließend viermal das rechte Poi um eine halbe Umdrehung vorversetzt. Wiederhole diese Kombination bis du den Wechsel, „parallel – versetzt“, beherrschst.

Rhythmus-Schema I a im Viererwechsel:

RH:	↑	↑	↑	↑	$\underline{\uparrow}$	$\underline{\uparrow}$	$\underline{\uparrow}$	$\underline{\uparrow}$
LH:	↑	↑	↑	↑	↑	↑	↑	↑
Z:	1	2	3	4	1 &	2 &	3 &	4 &

Wichtig:

Die Rhythmen solltest du möglichst oft wiederholen - bis sie formschön anzusehen sind.

Bei dem Rhythmus-Schema im Dreierwechsel schwingst du jeweils drei Schwünge im Wechsel.

Rhythmus-Schema I a im Dreierwechsel:

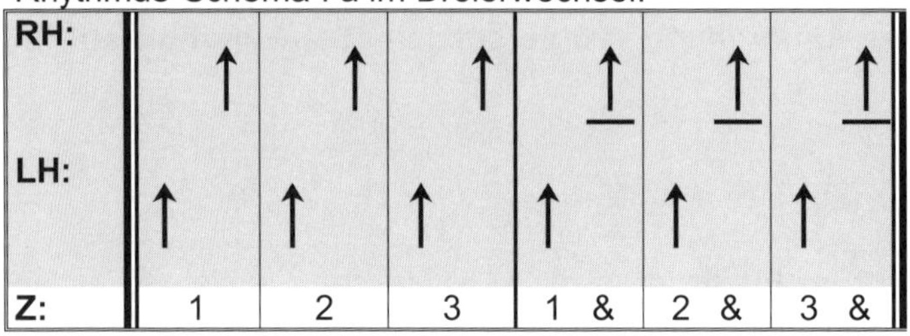

Bei dem Rhythmus-Schema im Zweierwechsel rotieren jeweils zwei Schwungfiguren im Wechsel.

Rhythmus-Schema I a im Zweierwechsel:

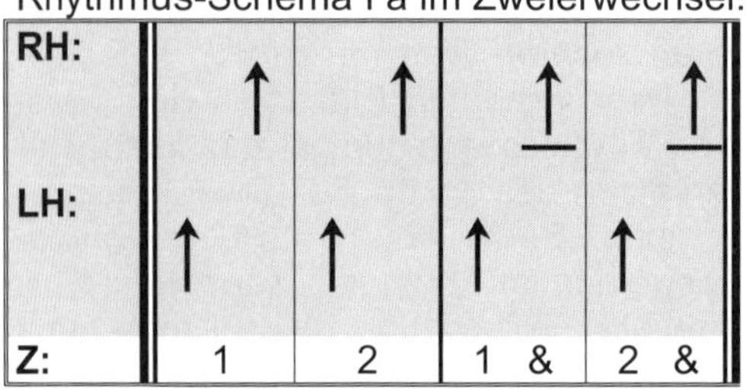

Bei dem Rhythmus-Schema im kombinierten Vierer-Zweierwechsel spielst du eine Schwungfigur bis zur "Vier", die Nächste bis zur "Zwei".

Rhythmus-Schema I a im kombinierten Vierer-Zweierwechsel:

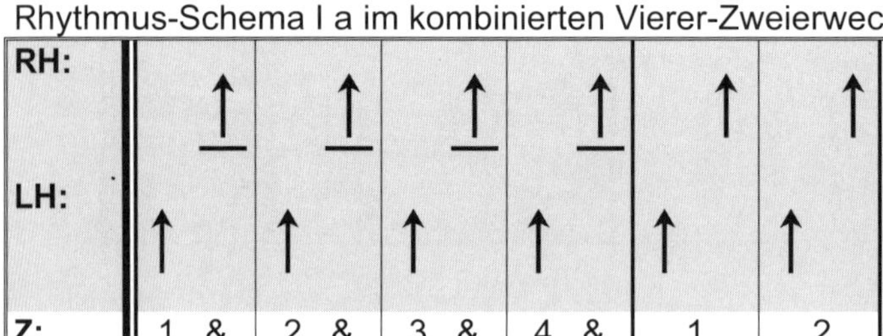

Es ist wichtig, dass du zumindest am Anfang dabei laut, später vielleicht nur noch für dich in Gedanken mitzählst, um den Rhythmus zu halten. Du lernst das rhythmische Schwingen der Pois wie das Spielen von Rhythmus-Instrumenten. Versuche die Pois in gleichmäßigem Tempo und in der Position zueinander exakt zu schwingen und den Wechsel genau einzuhalten. Das ist anfangs die größte Schwierigkeit.
Das Mitzählen gibt deinen Übungen eine Struktur. Deine Konzentration lässt nicht so schnell nach. Deine Handgelenke und Muskeln werden durch die veränderte Struktur der Schwünge unterschiedlich beansprucht. Sie sind länger belastbar.

I b:

Ausgangsschwung ist der *zurück rollende Wagen*. Diesen schwingst du viermal hintereinander. Auf der nächsten „Eins“ versetzt du das linke Poi um eine halbe Umdrehung nach vorne, wie beim *flinken linken Rad im zurück rollenden Wagen*. So schwingst du bis zur „Vier“. Beim erneuten Einsetzen der „Eins“ verzögerst du den Schwung des linken Poi und beschleunigst das rechte. Beide Pois drehen wieder parallel wie im Ausgangsschwung. Schwinge nun im Rhythmus viermal die Pois parallel und viermal das linke Poi um eine halbe Umdrehung vorversetzt.

Rhythmus-Schema I b im Viererwechsel:

RH:	↑	↑	↑	↑	↑	↑	↑	↑
LH:	↑	↑	↑	↑	$\underline{\uparrow}$	$\underline{\uparrow}$	$\underline{\uparrow}$	$\underline{\uparrow}$
Z:	1	2	3	4	1 &	2 &	3 &	4 &

Rhythmus-Schema I b im Dreierwechsel:

RH:	↑	↑	↑	↑	↑	↑
LH:	↑	↑	↑	$\underline{\uparrow}$	$\underline{\uparrow}$	$\underline{\uparrow}$
Z:	1	2	3	1 &	2 &	3 &

Rhythmus-Schema I b im Zweierwechsel:

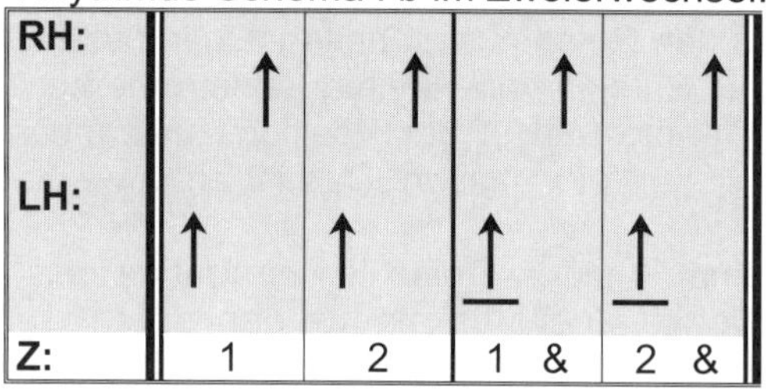

Rhythmus-Schema I b im kombinierten Vierer-Zweierwechsel:

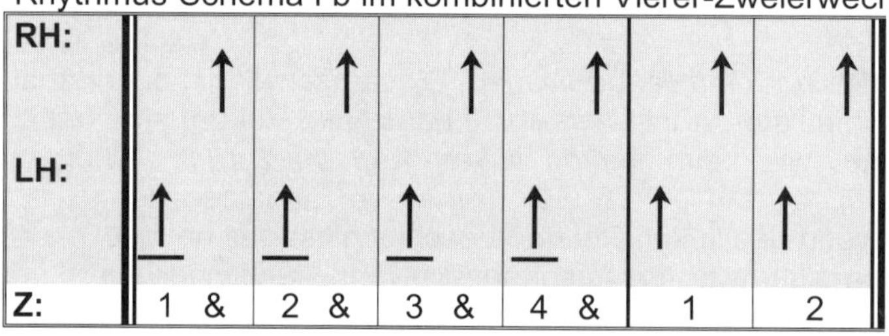

> **Wichtig:**
>
> **Orientierungspunkt für das Zählen ist in der Regel der untere Scheitelpunkt des jeweiligen Schwunges: Parallelschwünge zählst Du in Zahlen - im Zeitwert von Viertelnoten, vorversetzte Schwünge in Achtelnotenwerten. Der jeweiligen Zahl auf die vorversetzte Hand folgt das „&“ auf die andere Hand.**

I c:

Spiele die Übung I a (vier parallele Schwünge und vier das rechte Poi um eine halbe Umdrehung vorversetzte Schwünge), anschließend die Übung I b (wieder vier parallele Schwünge und vier das linke Poi um eine halbe Umdrehung vorversetzte Schwünge).

Rhythmus-Schema I c im Viererwechsel:

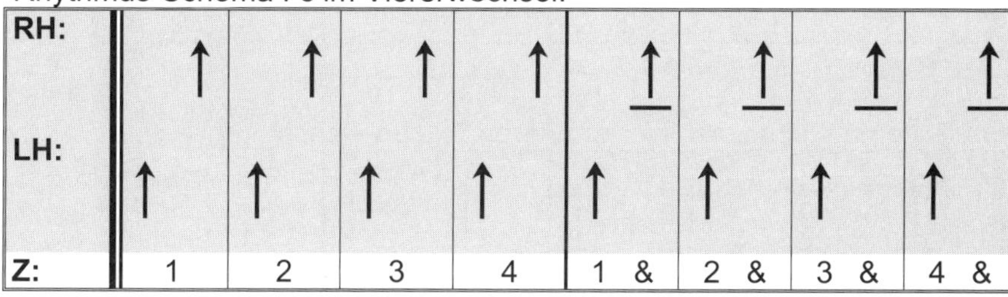

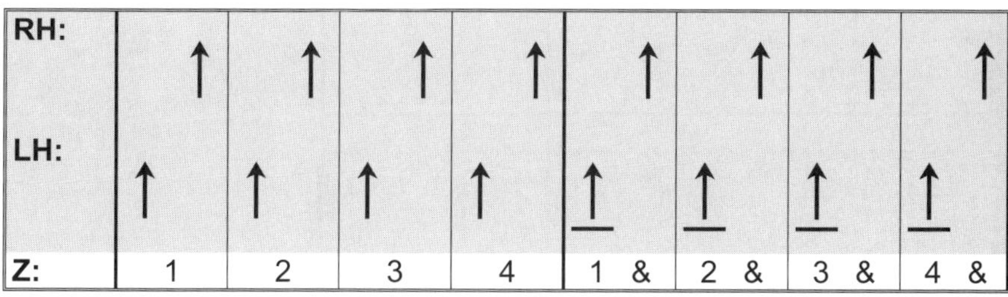

Rhythmus-Schema I c im Dreierwechsel:

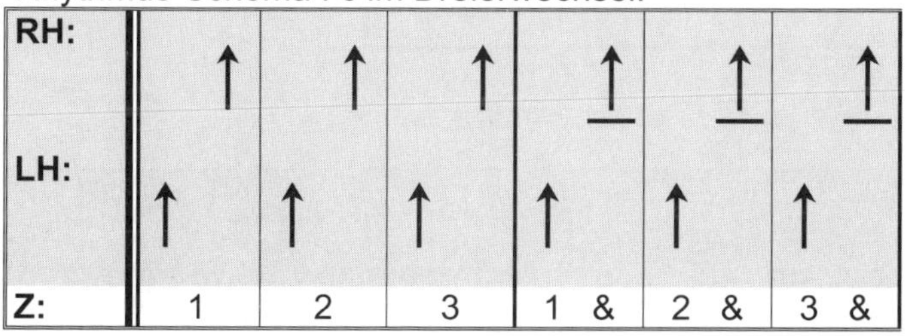

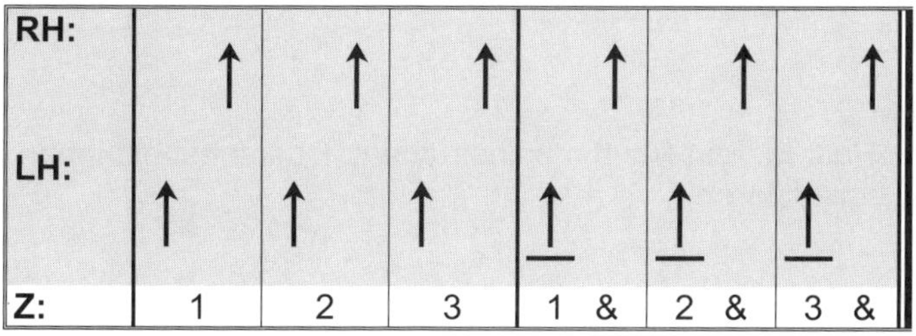

Rhythmus-Schema I c im Zweierwechsel:

RH:	↑	↑	$\underline{\uparrow}$	$\underline{\uparrow}$	↑	↑	↑	↑
LH:	↑	↑	↑	↑	↑	↑	$\underline{\uparrow}$	$\underline{\uparrow}$
Z:	1	2	1 &	2 &	1	2	1 &	2 &

Rhythmus-Schema I c im kombinierten Vierer-Zweierwechsel:

RH:	$\underline{\uparrow}$	$\underline{\uparrow}$	$\underline{\uparrow}$	$\underline{\uparrow}$	↑	↑
LH:	↑	↑	↑	↑	↑	↑
Z:	1 &	2 &	3 &	4 &	1	2

RH:	↑	↑	↑	↑	↑	↑
LH:	$\underline{\uparrow}$	$\underline{\uparrow}$	$\underline{\uparrow}$	$\underline{\uparrow}$	↑	↑
Z:	1 &	2 &	3 &	4 &	1	2

Wichtig:

Diese Systematik kann auf alle hier beschriebenen Schwungfiguren angewendet werden!

Herzlichen Glückwunsch!
Jetzt beherrschst du die Pois wie ein Rhythmusinstrument. Du kannst mit ihnen bereits Choreographien einstudieren.

Voran rollender Wagen

Lernziel:
Gleichzeitiges und paralleles Schwingen zweier Pois neben dem Körper - in entgegengesetzter Schwungrichtung zum *zurück rollenden Wagen.*

Schwinge beide Schwünge gleichzeitig. Achte auch bei dem *voran rollenden Wagen* auf die Parallelbewegung beider Pois und auf gleichmäßig große Kreise.

Achtung:

Die Schwungrichtung ist gegenläufig zum *zurück rollenden Wagen,* und die Schwungvorgabe in der Abwärtsbewegung!

Voran rollender Wagen

Herzlichen Glückwunsch!
Jetzt kannst du die Pois neben dem Körper in beide Schwungrichtungen rotieren lassen. Du bist nun für den Flugverkehr der Pois gerüstet.

Flinkes rechtes Rad im voran rollenden Wagen

Lernziel:
Das um eine halbe Umdrehung vorversetzte Schwingen des rechten Poi in entgegengesetzter Schwungrichtung zum *flinken rechten Rad im zurück rollenden Wagen.*

Wie beim *flinken rechten Rad im zurück rollenden Wagen* schwingt das rechte Poi vorversetzt. Die Beschleunigung rechts und die Verzögerung links erfolgt in der Abwärtsbewegung.

Flinkes rechtes Rad im voran rollenden Wagen

Herzlichen Glückwunsch!
Jetzt kannst du bereits in beide Schwungrichtungen die Pois versetzt schwingen. Das ist toll!

Flinkes linkes Rad im voran rollenden Wagen

Lernziel:
Das um eine halbe Umdrehung vorversetzte Schwingen des linken Poi in entgegengesetzter Schwungrichtung zum *flinken linken Rad im zurück rollenden Wagen.*

Die Schwungrichtung entspricht dem *voran rollenden Wagen*. Die Beschleunigung des linken und die Verzögerung des rechten Poi führst du in der Abwärtsbewegung aus.

Herzlichen Glückwunsch!
Nun spielst du alle Grundschwünge des *Wagens*. Das ist die halbe Miete, um in der Welt der Pois zu Hause zu sein.

Übung II:

Lernziel:
Wie bei Übung I a - in entgegengesetzter Schwungrichtung.

II a:

Spiele die Figur des *voran rollenden Wagens.* Diesen schwingst du viermal hintereinander und zählst dabei mit. Beim Einsetzen der „Eins" versetzt du das rechte Poi um eine halbe Umdrehung nach vorne. So schwingen die Pois bis zur „Vier". Auf der folgenden „Eins" verzögerst du den Schwung des rechten Poi und beschleunigst das linke. Beide Pois rotieren wieder parallel wie im Ausgangsschwung.

Rhythmus-Schema II a im Viererwechsel:

RH:	↓	↓	↓	↓	↓ —	↓ —	↓ —	↓ —
LH:	↓	↓	↓	↓	↓	↓	↓	↓
Z:	1	2	3	4	1 &	2 &	3 &	4 &

Rhythmus-Schema II a im Dreierwechsel:

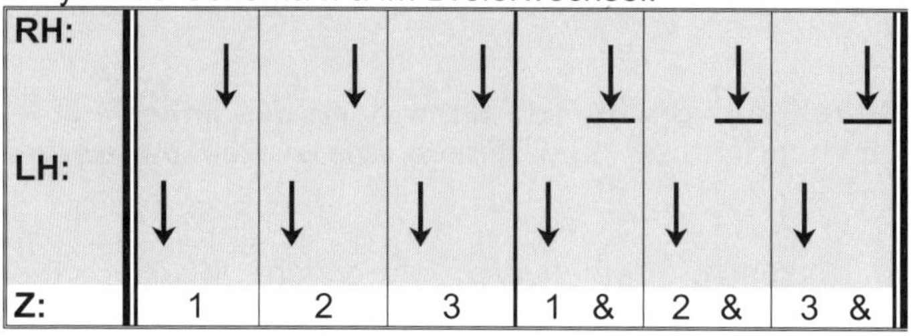

Rhythmus-Schema II a im Zweierwechsel:

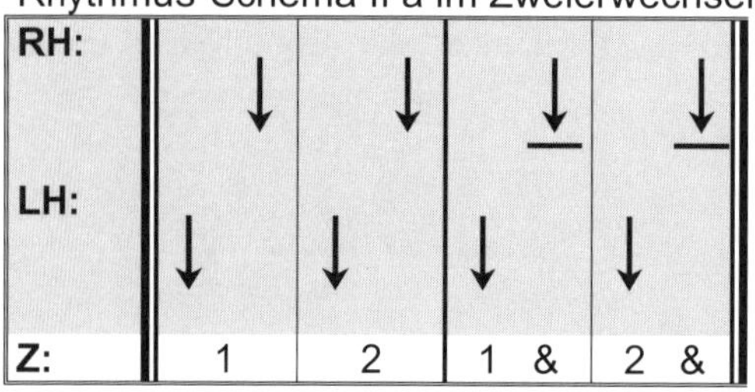

Rhythmus-Schema II a im kombinierten Vierer-Zweierwechsel:

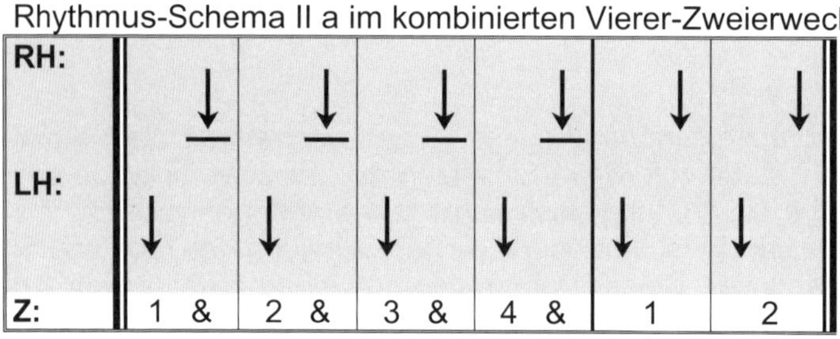

II b:

Ausgangsschwung ist der *voran rollende Wagen,* der viermal hintereinander kreist. Nach der „Vier“ versetzt du auf der „Eins“ das linke Poi um eine halbe Umdrehung nach vorne. Das linke Poi um eine halbe Umdrehung vorversetzt, schwingst du bis zur „Vier“. Beim erneuten Einsetzen der „Eins“ verzögerst du den Schwung des linken Poi und beschleunigst das rechte. Beide Pois drehen wieder parallel wie im Ausgangsschwung.

Rhythmus-Schema II b im Viererwechsel:

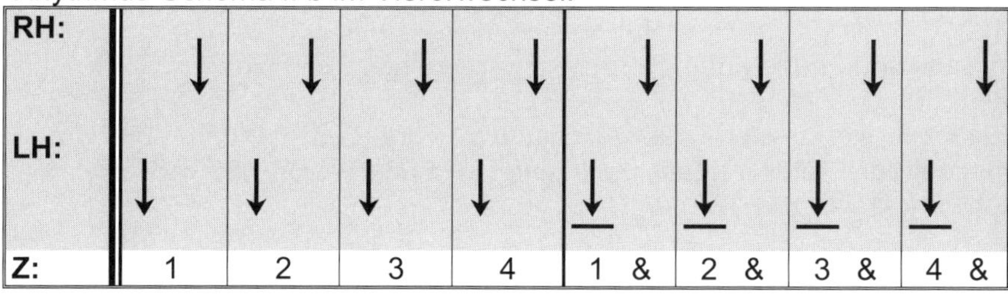

Schwinge den Dreier-, den Zweier- und den kombinierten Vierer-Zweierwechsel!

II c:

Spiele die Übung II a und die Übung II b hintereinander.

Rhythmus-Schema II c im Viererwechsel:

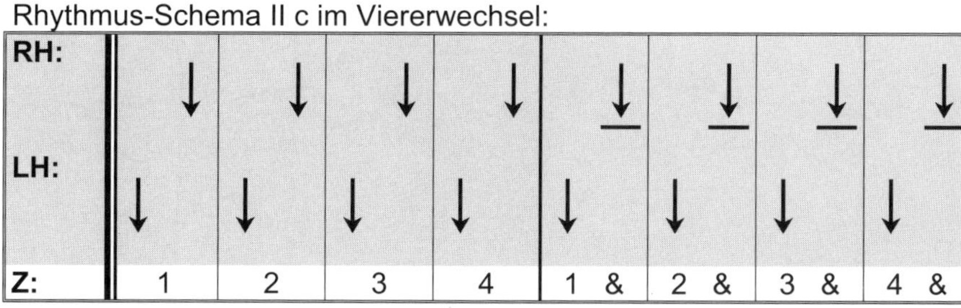

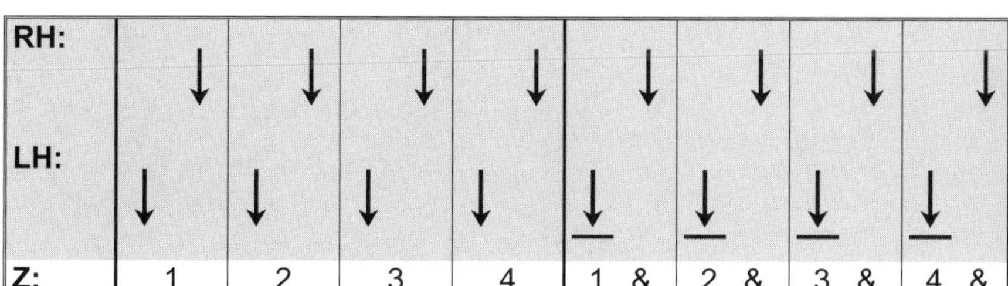

Schwinge den Dreier-, den Zweier- und den kombinierten Vierer-Zweierwechsel!

Herzlichen Glückwunsch!
Fantastisch! Jetzt kannst du mit zwei in der Schwungrichtung wechselnden Rhythmen dich selbst und die Welt beglücken.

Variationen

Die Kreisschwünge neben dem Körper können leicht variiert werden:

- Zunächst kann sich die Armhaltung verändern. Indem die Arme ausgestreckt oder angewinkelt sind, verändert sich der Abstand der Schwungkreise zum Körper.

Nach außen wandernde Arme *im zurück rollenden Wagen*

❖ Die Größe der geschwungenen Kreise verändert sich, wenn du einen oder beide ausgestreckte Arme mitkreisen lässt. Dies ist ein schöner Effekt, jedoch etwas anstrengend. Es erfordert bei großen parallelen Kreisen einige Übung.

Der Drehbewegung folgende Arme im *zurück rollenden Wagen*

❖ Die Schwungbahn der Kreise kann vor oder hinter den Körper nach oben oder unten verlegt werden. Schicke die Pois auf Wanderschaft.

Tipps zum Einstudieren und Trainieren von Schwüngen:

1. Verlierst du die Lust beim Trainieren, dann lege eine kurze Pause ein. Belohne dich mit dem Schwingen von dir bereits vertrauten Schwüngen und versuche es dann noch einmal. Das Schwingen der Pois sollte immer Spaß machen.

2. Die jeweilige Tagesform ist nicht immer gleich. An manchen Tagen gelingt das Poi-Schwingen besser, an anderen weniger gut. Falls dich der Frust zu überrollen droht oder wenn ein Schwung einfach nicht gelingt, denke an die positiven Aspekte des Trainings. Erinnere dich der Erfolgserlebnisse.

3. Es ist noch keine Meisterin oder kein Meister vom Himmel gefallen! Überfordere dich nicht. Bedenke, dass jede Poi-Künstlerin und jeder Poi-Künstler ähnlich frustrierende Erfahrungen macht, dadurch aber auch erst zum Erfolg gelangt.

4. Trainiere, wenn möglich, täglich einen kurzen Zeitraum. Das ist sinnvoller als hin und wieder stundenlang.

5. Beim Einstudieren der Schwünge und Kombinationen wirst du nach einiger Zeit das Gefühl haben, sie dem Prinzip nach verstanden und verinnerlicht zu haben. Dieses Gefühl ist trügerisch. Im weiteren Training wirst du wohl mehr Fehler wahrnehmen. Beim Verbessern deines Schwungstils kommt es dir vor, als ob du dich wieder verschlechtern würdest. Der Schwung gelingt dir offensichtlich weniger gut. Tatsächlich bist du aber nicht mehr so sehr auf die korrekte Ausführung des Schwunges konzentriert, und nimmst deine eigenen Fehler besser wahr. Mache dir diese Tatsache bewusst und trainiere weiter. Langsam wirst du wieder eine Verbesserung deines Könnens feststellen.

6. Beobachte dich beim Poi-Schwingen. Mache Videoaufzeichnungen oder benutze einen Spiegel, ein Glasfenster oder eine Glastür. Überlege immer wieder, ob du die Schwünge tatsächlich richtig ausführst. Fehler zeichnen sich vor allem dadurch aus, dass du sie nicht bemerkst.

Kapitel 2: Die Sonne

Die Kreisschwünge des Motivs *Sonne* sind ebenso wie die des Bildes *Wagen* wichtige Grundschwünge für weitere Achterschwünge, Kreisschwünge und Zauberschwünge! Du kannst mit ihnen tolle Effekte erzielen. Beim kreuzweise Schwingen lässt sich die Position der Pois zueinander sehr gut prüfen. Die Pois rotieren während der gesamten Kreisbewegung im unmittelbaren Sichtfeld.

Aufgehende Sonne

Lernziel:
Gleichzeitiges, kreuzweise und paralleles Schwingen zweier Pois vor dem Körper.

Schwinge zunächst den *rechten Strahl der aufgehenden Sonne*. Achte auf die genaue Ausführung nach der angegebenen Beschreibung.

Rechter Strahl der aufgehenden Sonne
Diesen vertikalen rechten Kreisschwung mit nach vorne angewinkeltem Arm führst du vor dem Körper aus. Deine Hand befindet sich in Hüfthöhe, nur eine Unterarmlänge vom Körper entfernt. Deine Handinnenfläche zeigt nach links. Die Schwungrichtung nimmst du im Uhrzeigersinn vor, und die Kreise schwingst du parallel zur Brust.

Rechter Strahl der aufgehenden Sonne

Wenn du diesen Schwung gleichmäßig und formschön schwingst, wechsele das Poi in die linke Hand. Lerne den *linken Strahl der aufgehenden Sonne*:

Linker Strahl der aufgehenden Sonne

Diesen vertikalen linken Kreisschwung mit nach vorne leicht angewinkeltem Arm führst du vor dem Körper aus. Deine Hand befindet sich in Hüfthöhe, eine Unterarmlänge vom Körper entfernt. Deine Handinnenfläche zeigt nach rechts. Die Schwungrichtung nimmst du gegen den Uhrzeigersinn vor, und die Kreise schwingst du parallel zur Brust.

Beherrschst du den Schwung mit der linken Hand, versuche beide Pois im Kreiskreuzschwung parallel zu führen. Die Schwungbahnen kreuzen sich oben und unten. Ein Poi der rechten oder linken Hand läuft im Verhältnis zum jeweils anderen leicht vorversetzt, je nachdem, ob du Rechts- oder Linkshänder bist. Eventuell bewegst du eine Hand ein wenig vom Körper weg. Du spielst die Pois der rechten und linken Hand anfangs mit mehr, später mit weniger Abstand zueinander. Die beiden Kreisbahnen laufen leicht versetzt und bilden parallel verschobene Kreise.

Aufgehende Sonne

Wichtig:

1. Die Pois kreuzen sich unten und oben. Diese beiden Punkte sind die wichtigsten. Hier musst du besonders auf das exakte Schwingen achten. Tust du das nicht, zeigen dir die Pois wie schmerzhaft ihr Schlag sein kann.

2. Für alle Kreuzschwünge gilt: Je weiter du die Kreisbahnen im Kreuzschwung auseinander ziehst, umso leichter lassen sie sich schwingen. Nähere deine Hände einander langsam an. Falls die Pois dich daran erinnern, dass du dich mehr konzentrieren und genauer schwingen solltest, entferne einfach die Hände wieder ein wenig voneinander.

Tipps für die *aufgehende Sonne*:

- Lenke deine Aufmerksamkeit nicht so sehr auf die Pois, sondern zunehmend auf die Schwungbewegung und die gleichmäßige Beschleunigung aus den Handgelenken. Sie entscheiden über die Qualität der Schwünge.
- Dieser erste Kreiskreuzschwung ist am Anfang nicht ganz einfach. Es hilft, mit dem *zurück rollenden Wagen* zu beginnen. Lasse nun die beiden Arme langsam vor dem Körper zusammenwandern.

Herzlichen Glückwunsch!
Ist es nicht ein tolles Gefühl die *Sonne* aufgehen zu lassen? Klar, manchmal scheint sie zu intensiv, und du bekommst einen Sonnenstich. Macht nichts: Frisch gewagt ist halb gewonnen!

Flinker rechter Strahl der aufgehenden Sonne

Lernziel:
Gleichzeitig kreuzweises und rechts um eine halbe Umdrehung vorversetztes Schwingen zweier Pois vor dem Körper.

Beginne hierfür mit der *aufgehenden Sonne*. Während des parallelen Kreuzens der Pois wird das rechte in der Abwärtsbewegung im Außenkreis ein wenig beschleunigt und gleichzeitig vom linken etwas Schwung genommen. Das rechte Poi schwingt um eine Viertelumdrehung vorversetzt und das linke um eine Viertelumdrehung nach hinten versetzt. Die Pois schwingen also um eine halbe Umdrehung versetzt. Du gibst den Schwung im Wechsel: Rechtes Handgelenk, linkes Handgelenk, rechtes Handgelenk, linkes Handgelenk. Halte den Schwungrhythmus und lasse beide Pois mit deinen Handgelenken gegenläufig und nicht gleichförmig rotieren! Übe den *flinken rechten Strahl der aufgehenden Sonne* bis du den Schwungrhythmus verinnerlicht hast.

Flinker rechter Strahl der aufgehenden Sonne

Herzlichen Glückwunsch!
Nun bist du Meisterin oder Meister des *flinken rechten Strahls der aufgehenden Sonne*. Es ist doch schön, unterschiedliche Sonnenaufgänge zu erleben!

Beschreibung des versetzten Schwingens:

1. Schwingst du die Pois versetzt im *Wagen*, so versetzt sich das rechte bzw. das linke Poi genau um eine halbe Umdrehung.

2. Im parallelen Kreuzschwung rotieren die Pois geringfügig versetzt. Die beiden Schnüre oder Ketten laufen im Reißverschlusssystem übereinander.
Lässt du das rechte Poi im parallelen Kreuzschwung ein wenig vor dem linken rotieren, so beachte für das rechte bzw. linke Vorversetzen folgendes:
Das rechte Poi versetzt du eine knappe Viertelumdrehung nach vorne. Es läuft bereits vor dem linken! Das Poi der linken Hand versetzt du nun ein wenig mehr als eine Viertelumdrehung nach vorne. Du lässt jetzt die linke Schnur vor der rechten drehen. Das ist nicht einfach! Vermutlich führt es zu Verstrickungen.

Beim Zurückversetzten in den Parallelschwung verhält es sich folgendermaßen:
Hast du das rechte Poi vorversetzt, so ziehe das linke um etwas weniger als eine halbe Umdrehung nach. Es schwingt im Parallelschwung hinter dem rechten. Läuft das linke um eine halbe Umdrehung vorversetzt, so musst du das rechte etwas mehr als eine halbe Umdrehung vor das linke setzen. Es hagelt Pois.
Lässt du das linke Poi im parallelen Kreuzschwung ein wenig vor dem rechten rotieren, verhält es sich beim Vor- bzw. Zurückversetzen genau umgekehrt.

3. Das linke und das rechte Vorversetzen gleicht sich nach einigen Drehungen im Schwungbild. Konzentriere dich beim Zählen stets auf das vorversetzte Poi. Es ist nicht einfach und erfordert sehr viel Konzentration.

4. Vorversetzte Schwünge zeichnen ein schönes Schwungbild und bereichern eine Choreographie.

Flinker linker Strahl der aufgehenden Sonne

Lernziel:
Gleichzeitig kreuzweises und links um eine halbe Umdrehung vorversetztes Schwingen zweier Pois vor dem Körper.

Beginne wieder mit der *aufgehenden Sonne*. Wenn du beim parallelen Kreuzen das linke Poi in der Abwärtsbewegung ein wenig beschleunigst und gleichzeitig von dem rechten etwas Schwung nimmst, dann sind beide Pois wieder um eine halbe Umdrehung versetzt. Du gibst den Schwung im Wechsel: Linkes Handgelenk, rechtes Handgelenk, linkes Handgelenk, rechtes Handgelenk. Übe den *flinken linken Strahl der aufgehenden Sonne* bis du den Schwungrhythmus verinnerlicht hast.

Herzlichen Glückwunsch!
Du bist Meisterin oder Meister der *aufgehenden Sonne*. Du kennst ihre gesamte Bandbreite. Das ist ein schöner Gedanke - besonders an einem trüben Herbsttag. Die *Sonne* kommt in dein Herz.

Übung III:

Lernziel:
Rhythmisches Schwingen der *aufgehenden Sonne* und des *flinken rechten und linken Strahls der aufgehenden Sonne* im Wechsel.

III a:

Rhythmus-Schema III a im Viererwechsel:

RH:	↻	↻	↻	↻	↻	↻	↻	↻
LH:	↺	↺	↺	↺	↺	↺	↺	↺
Z:	1	2	3	4	1 &	2 &	3 &	4 &

Rhythmus-Schema III a im Dreierwechsel:

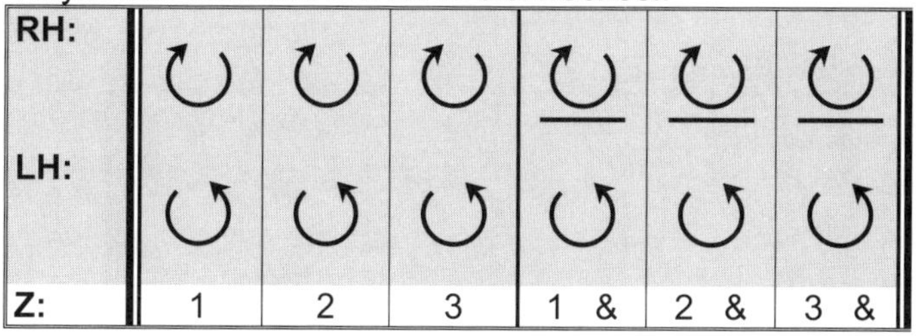

Rhythmus-Schema III a im Zweierwechsel:

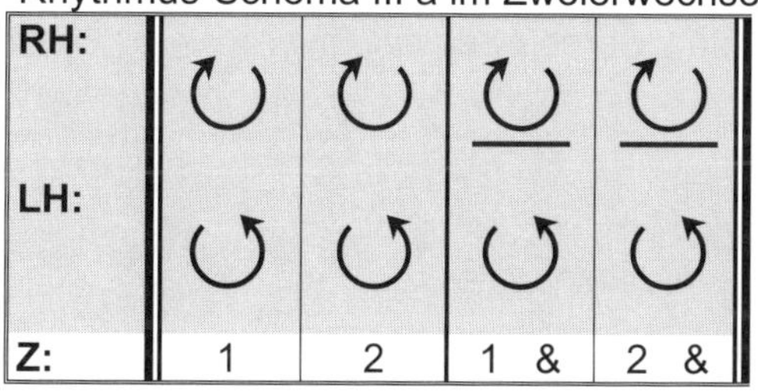

Rhythmus-Schema III a im kombinierten Vierer-Zweierwechsel:

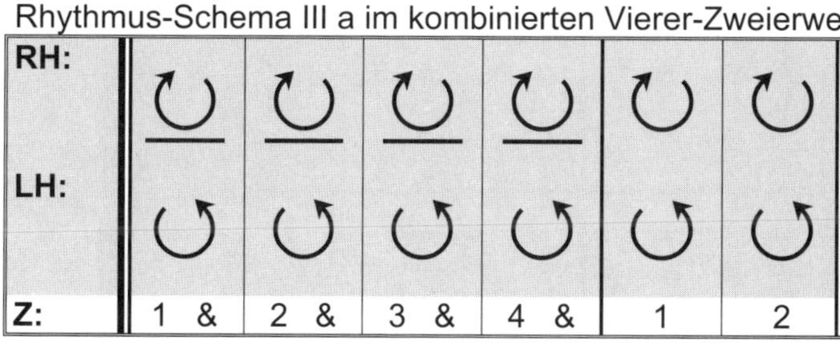

III b:

Rhythmus-Schema III b im Viererwechsel:

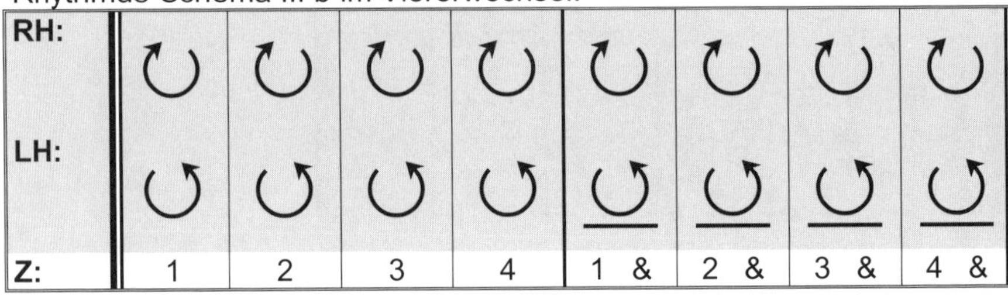

Schwinge den Dreier-, den Zweier- und den Vierer-Zweierwechsel!

III c:

Spiele die Übung III a und die Übung III b nacheinander.

Rhythmus-Schema III c im Viererwechsel:

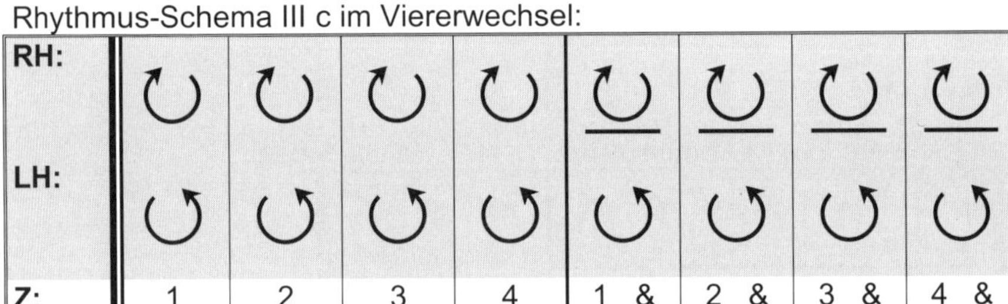

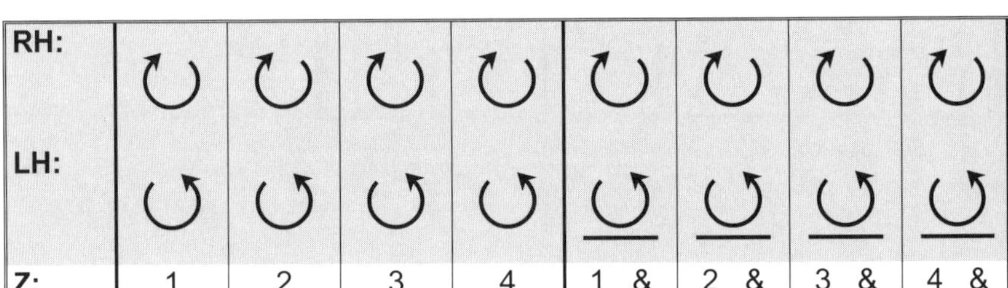

Schwinge den Dreier-, den Zweier- und den Vierer-Zweierwechsel!

Herzlichen Glückwunsch!
Du hast dir deine Sonnenaufgänge besehen und in ihnen meditiert. Es war eine gute Meditation. Ein tolles Gefühl! Du entwickelst dich langsam zur Sonnenanbeterin oder zum Sonnenanbeter.

Untergehende Sonne

Lernziel:
Wie bei der *aufgehenden Sonne* - in entgegengesetzter Schwungrichtung.

Wenn du auf ähnliche Schwierigkeiten wie bei der *aufgehenden Sonne* stößt, versuche es mit der Hilfestellung. Diesmal beginnst du mit dem *voran rollenden Wagen*. Lasse die Pois vor dem Körper zusammenwandern.

Untergehende Sonne

Herzlichen Glückwunsch!
Du hast die *untergehende Sonne* gesehen. Ein schöner Anblick. Jetzt bist du Meisterin oder Meister der wandernden Sonne.

Flinker rechter Strahl der untergehenden Sonne

Lernziel:
Wie beim *flinken rechten Strahl der aufgehenden Sonne* - in entgegengesetzter Schwungrichtung.

Du beschleunigst in der Aufwärtsbewegung im Außenkreis das rechte Poi um eine Viertelumdrehung nach vorne, beziehungsweise verzögerst das linke um eine Viertelumdrehung nach hinten. Nun rotieren die Pois um eine halbe Umdrehung versetzt.

Flinker rechter Strahl der untergehenden Sonne

Herzlichen Glückwunsch!
Du hast den zweiten Sonnenuntergang gesehen. Geht es dir wie mir? Verliebst du dich langsam in ihn? Ich möchte dieses Leuchten immer sehen.

Wichtig:

Beim Poi-Spielen reibt sich die Haut zwischen deinen Fingern schnell ab. Umwickle deine Finger mit Pflastern oder Tape. Außerdem kannst du Vaseline oder Magnesia verwenden.

Flinker linker Strahl der untergehenden Sonne

Lernziel:
Wie beim *flinken linken Strahl der aufgehenden Sonne* - in entgegengesetzter Schwungrichtung.

Lasse das linke Poi um eine halbe Umdrehung vorversetzt rotieren. Die Beschleunigung des linken Poi, beziehungsweise die Verzögerung des rechten, spielst du wieder in der Aufwärtsbewegung im Außenkreis. Achte auf die Position und die Gleichmäßigkeit der Schwungbahnen. Das linke Poi sollte immer exakt um eine halbe Umdrehung vorversetzt schwingen.

Herzlichen Glückwunsch!
Du spielst alle Variationen der beiden Grundschwünge mit den Pois. Die Welt steht dir offen. Gehe nun auf Reisen und erkunde die Welt der Pois.

Übung IV:

Lernziel:
Wie bei Übung III – in entgegengesetzter Schwungrichtung.

IV a:

Diese Kombination schwingst du in der gleichen Systematik wie die Übung III a, nur in umgekehrter Schwungrichtung. Ausgangsschwung ist die *untergehende Sonne*.

Rhythmus-Schema IV a im Viererwechsel:

RH:	↺	↺	↺	↺	↺ —	↺ —	↺ —	↺ —
LH:	↻	↻	↻	↻	↻	↻	↻	↻
Z:	1	2	3	4	1 &	2 &	3 &	4 &

Schwinge den Dreier- den Zweier- und den Vierer-Zweierwechsel!

IV b:

Rhythmus-Schema IV b im Viererwechsel:

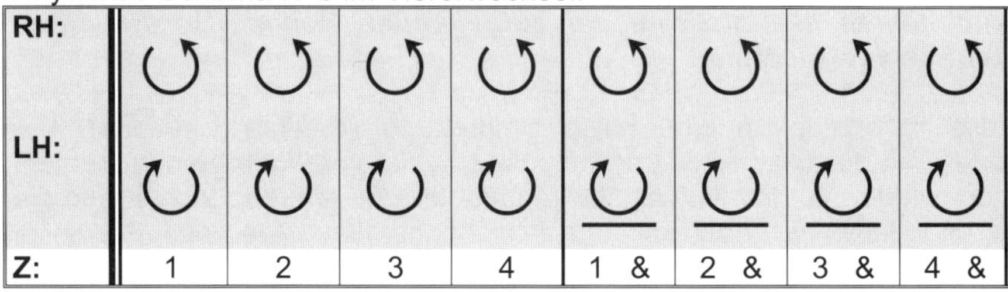

Schwinge den Dreier- den Zweier- und den Vierer-Zweierwechsel!

IV c:

Rhythmus-Schema IV c im Viererwechsel:

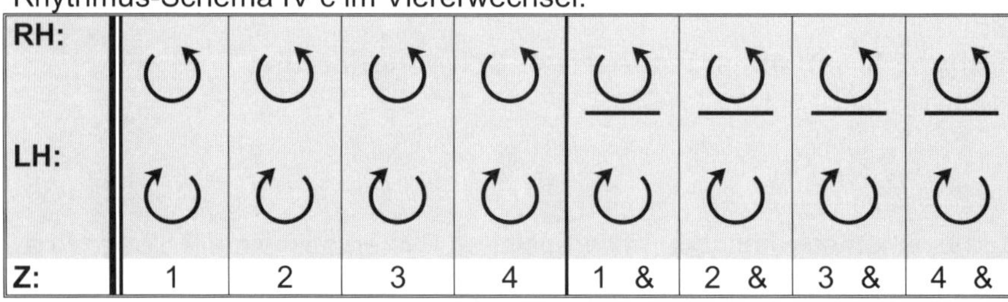

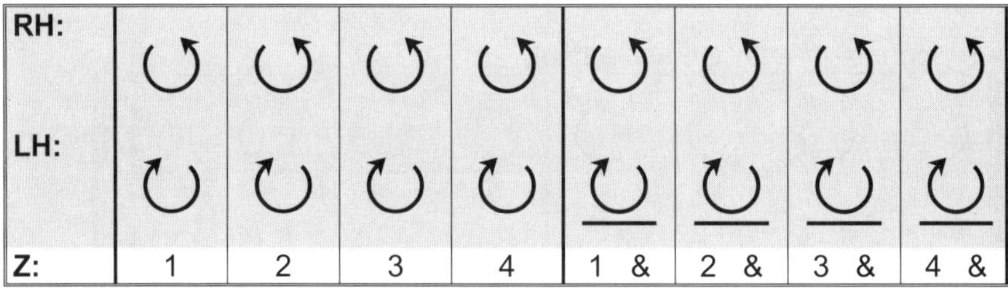

Schwinge den Dreier- den Zweier- und den Vierer-Zweierwechsel!

Herzlichen Glückwunsch!
Den Sommerurlaub hast du gut gemeistert. Du hast genug in der *Sonne* gebadet und vielleicht schon einen kleinen Sonnenbrand. Doch nun hast du das Poi-Alphabet gelernt. Tauche in die Poesie der Pois ein.

Variationen

Drei Schwungvariationen für Kreisschwünge vor dem Körper.

- ❖ Zunächst kannst du den Arm aus der angewinkelten in die ausgestreckte Position bringen. So veränderst du den Abstand der Kreise zum Körper.
- ❖ Du kannst die Größe der geschwungenen Kreise verändern, indem du einen oder beide ausgestreckten Arme mitkreisen lässt.

Ausgestreckte Arme der *untergehenden Sonne*

❖ Die Kreise können nach links, rechts, oben oder unten vor den Körper verlegt werden. Du kannst die Pois wandern lassen, oder die Rotation der beiden Kreise im Kreuzschwung zueinander verändern.

Veränderte Position der Kreise der *untergehenden Sonne*

Lernziel:
Vertiefen bisher gelernter Schwünge und Schwung-Bezeichnungen.

In diesem Kapitel werden einige Übungsbeispiele für Rhythmen aufgezeigt. Durch sie sollen die bisher erlernten Kreisschwünge optimiert werden. Schreibe die Schwungbild-Bezeichnungen auf und vergleiche mit der Lösung im Anhang.

Rhythmus-Schema 1:
Welche Schwungfiguren kommen hier der Reihe nach vor? Schreibe sie auf und vergleiche mit der Lösung im Anhang!

Rhythmus-Schema 1 im Viererwechsel:

RH:	↑	↑	↑	↑	W↑	W↑	W↑	W↑
LH:	↑	↑	↑	↑	↑W	↑W	↑W	↑W
Z:	1	2	3	4	1	2	3	4

RH:	↻	↻	↻	↻	W↻	W↻	W↻	W↻
LH:	↺	↺	↺	↺	↺W	↺W	↺W	↺W
Z:	1	2	3	4	1	2	3	4

Wenn du dieses Rhythmus-Schema verinnerlicht hast, spiele es erst mit dem rechten Poi um eine halbe Umdrehung vorversetzt, anschließend mit dem linken um eine halbe Umdrehung vorversetzt. Schwinge für alle den Dreier- und Zweierwechsel!

Kennzeichen der Wanderschwünge:

Wanderschwünge sind immer durch ein „W" im Rhythmus-Schema gekennzeichnet. Durch diesen Schwung verändert sich lediglich die Position der Schwungbahn. Die Schwungrichtung ändert sich nicht! Die Ausrichtung des Wanderschwunges geht aus dem Rhythmus-Schema hervor. Im oben genannten Übungsschema wandern die Pois mit vier Schwüngen aus der *Wagen*- in die *Sonnen*figur und zurück.

Rhythmus-Schema 2:

Welche Schwungfiguren kommen hier der Reihe nach vor? Schreibe sie auf und vergleiche mit der Lösung im Anhang!

Rhythmus-Schema 2 im Viererwechsel:

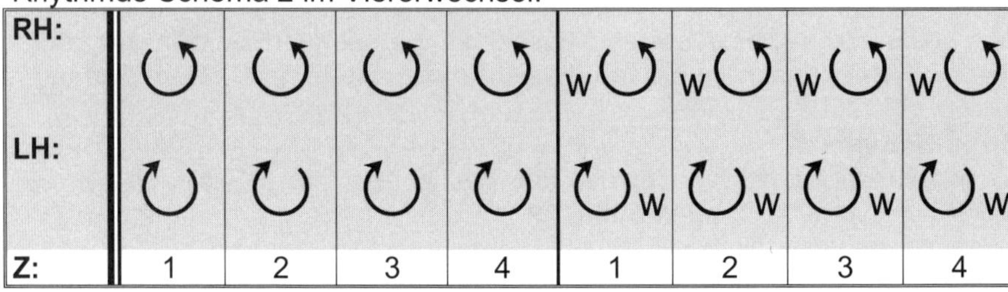

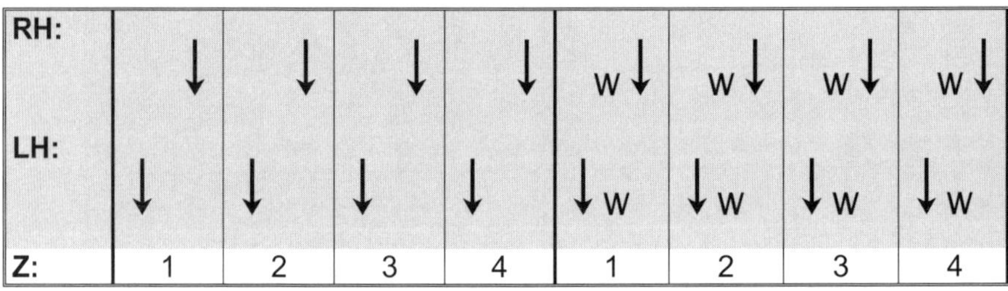

Wenn du dieses Rhythmus-Schema verinnerlicht hast, spiele es erst mit dem rechten Poi um eine halbe Umdrehung vorversetzt, anschließend mit dem linken. Schwinge für alle den Dreier- und Zweierwechsel!

Rhythmus-Schema 3:

Welche Schwungfiguren kommen hier der Reihe nach vor? Schreibe sie auf und vergleiche mit der Lösung im Anhang!

Rhythmus-Schema 3 im Viererwechsel:

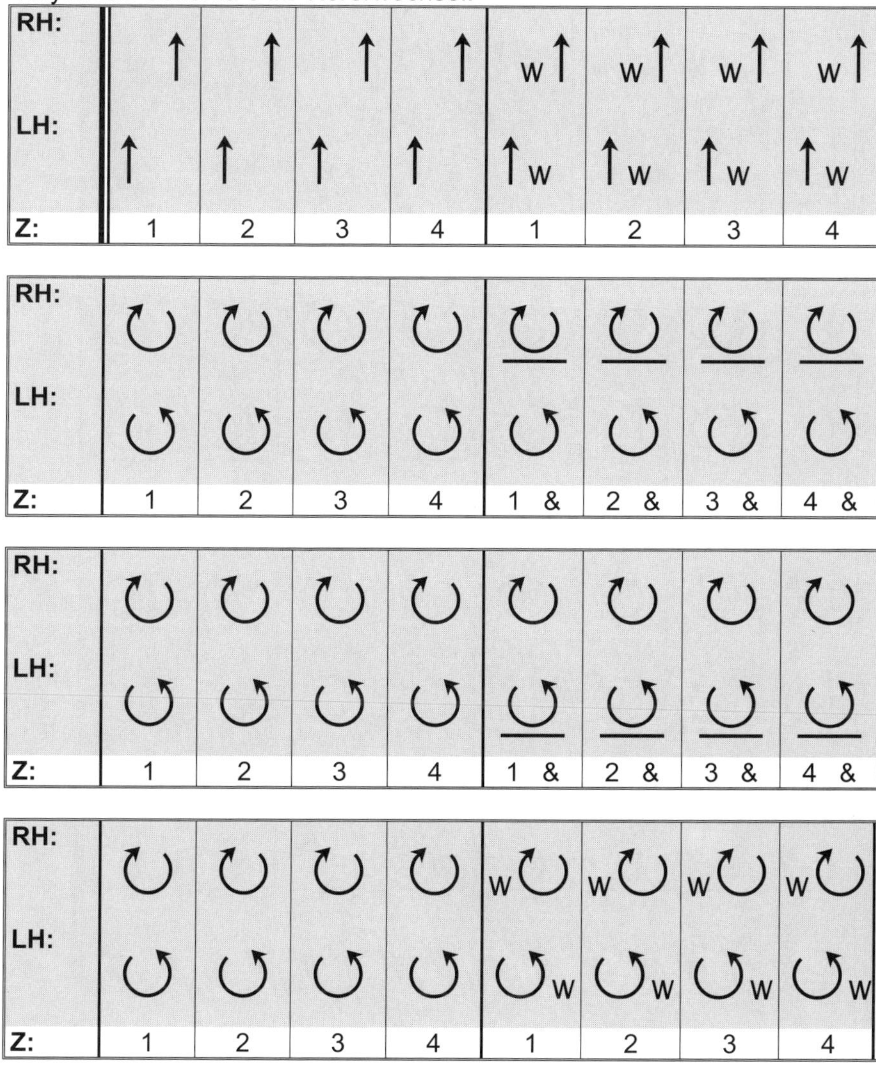

Schwinge den Dreier- und den Zweierwechsel!

Rhythmus-Schema 4:

Welche Schwungfiguren kommen hier der Reihe nach vor? Schreibe sie auf und vergleiche mit der Lösung im Anhang!

Rhythmus-Schema 4 im Viererwechsel:

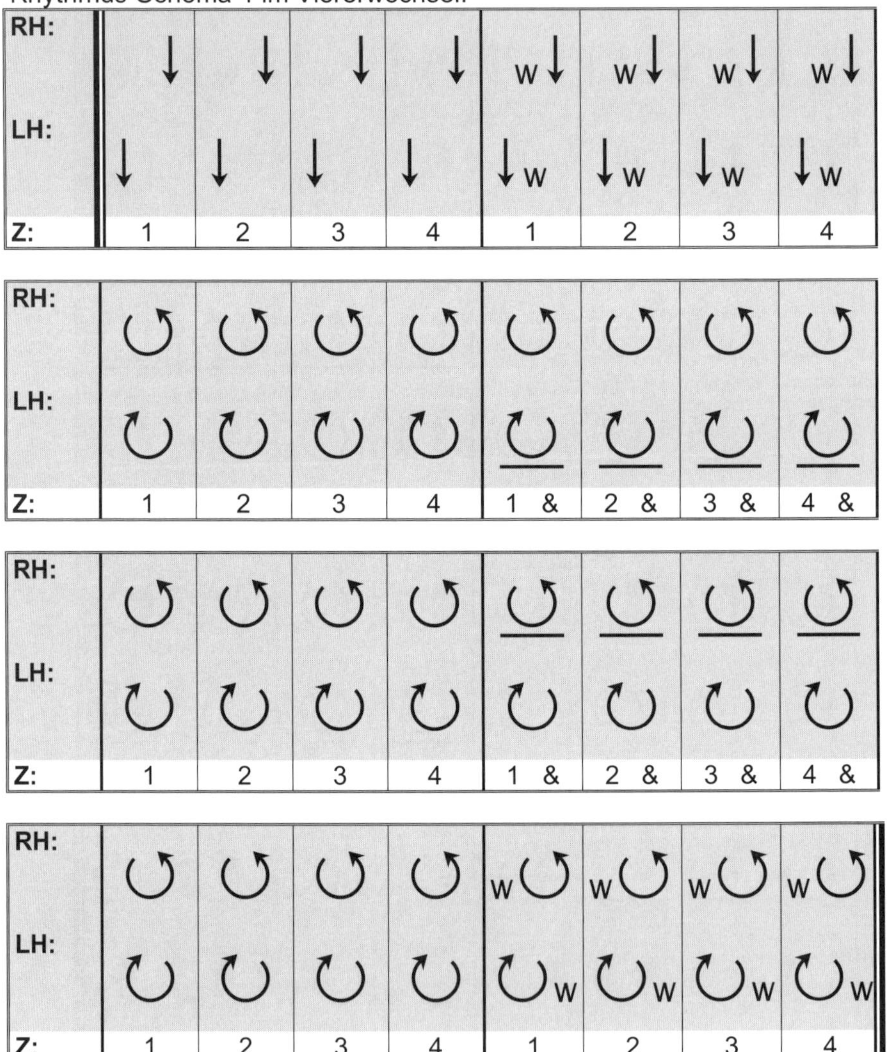

Schwinge den Dreier- und den Zweierwechsel!

Schreibe deine eigenen Rhythmus-Schemata und übe sie.

Verschiedene Achterschwünge

Kennzeichen der Achterschwünge:

1. Der Achterschwung besteht aus zwei Teilkreisen, die in einer Kreuzbewegung miteinander verbunden werden.

2. Die Schwungrichtung des zweiten Teilkreises ist immer entgegengesetzt zur Schwungrichtung des ersten Teilkreises (z.B. erster Teilkreis im Uhrzeigersinn, zweiter Teilkreis gegen den Uhrzeigersinn).

3. Die beiden Teilkreise der Achterschwünge schwingst du in unterschiedlicher Position zum Körper, z.B. rechts und links neben dem Körper oder Kopf, vor und nahezu hinter dem Körper usw.

Kapitel 4: Aus dem Wagen

Steigendes Kreuz

Lernziel:
In verschiedenen Rhythmen zwei sich parallel kreuzende Achterschwünge aus dem *zurück rollenden Wagen* spielen.

Spiele zweimal das *rechte Rad im zurück rollenden Wagen*. Am unteren Scheitelpunkt (siehe Abb.) des dritten Schwungs rechts neben dem Körper lenkst du das Poi nach links oben. Das ist der obere Scheitelpunkt des *linken Rades im zurück rollenden Wagen*. Von hier schwingst du bis zum unteren Scheitelpunkt links neben dem Körper. Jetzt führst du das Poi nach rechts oben. Das ist der obere Scheitelpunkt des *rechten Rades im zurück rollenden Wagen*. Wieder unten angelangt, hast du die erste Acht vollendet.

Rechte Hand im Viererwechsel:

RH:	↑	↑	↖	↗	↑	↑	↖	↗
Z:	1	2	3	4	1	2	3	4

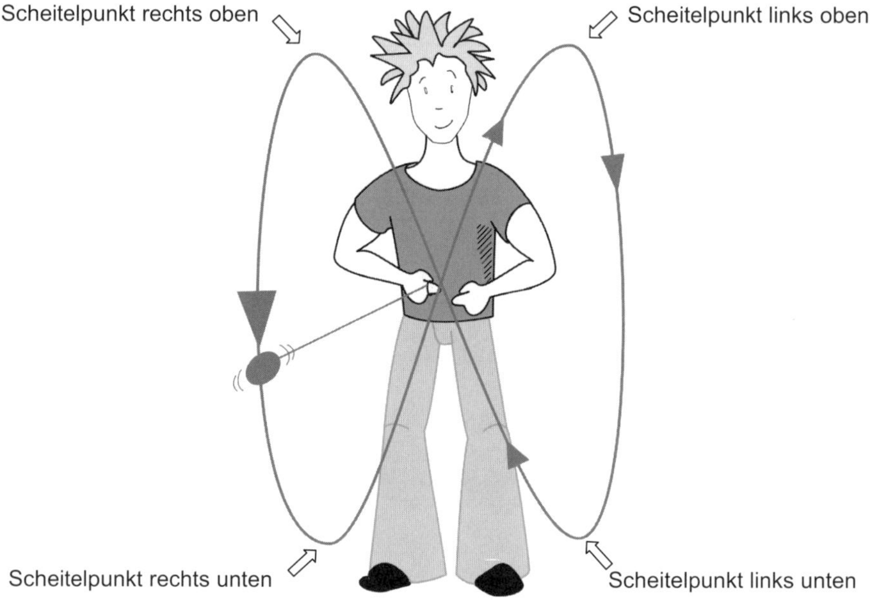

Rechte Acht im steigenden Kreuz

Wichtig:

Dieser Schwung überschreitet erstmals die Körperachse. Bereitet es dir große Schwierigkeiten die liegende Acht zu ziehen, so zeichne sie im Großformat vor dir auf. Versuche sie zunächst ohne Poi nur mit der Hand nachzuziehen.

Hast du den Viererwechsel der rechten Hand verinnerlicht, so studiere die Acht der linken Hand ein:

Du schwingst zweimal das *linke Rad im zurück rollenden Wagen.* Am unteren Scheitelpunkt des dritten Schwungs lenkst du das Poi nach rechts oben. Das ist der obere Scheitelpunkt des *rechten Rades im zurück rollenden Wagen.* Von hier schwingst du bis zum unteren Scheitelpunkt rechts neben dem Körper. Gleich darauf führst du das Poi nach rechts oben und spielst wieder *das linke Rad im zurück rollenden Wagen*.

Linke Hand im Viererwechsel:

LH:	↑	↑	↗	↖	↑	↑	↗	↖
Z:	1	2	3	4	1	2	3	4

Beherrschst du beide Viererwechsel, so versuche sie zu kombinieren. Gehe folgendermaßen vor:
Zunächst schwingst du beidhändig zweimal den *zurück rollenden Wagen*. Der dritte Schwung ist der erste des *steigenden Kreuzes*. Am unteren Scheitelpunkt des ersten Kreises steuerst du das Kreuzen der Schwungbahnen an. Die Pois kreuzen einander leicht versetzt in Hüfthöhe vor deinem Körper. Am oberen Scheitelpunkt ist das Kreuzen abgeschlossen. Deine Arme sind überkreuzt. Um in den *zurück rollenden Wagen* zu kommen, steuerst du nach einer halben Umdrehung am unteren Scheitelpunkt wieder das leicht versetzte Kreuzen der Bahnen an. Schwinge die Pois zurück in die Ausgangsstellung.

Wichtig:

Das Kreuzen der Pois solltest du mit leicht versetztem Schwingen angehen, weil die Kugeln sonst vor deinem Körper zusammenstoßen und deinen Körper treffen. Schwinge das *Kreuz* anfangs ganz langsam. Je schneller du die Pois schwingst, umso weniger kannst du sie kontrollieren.

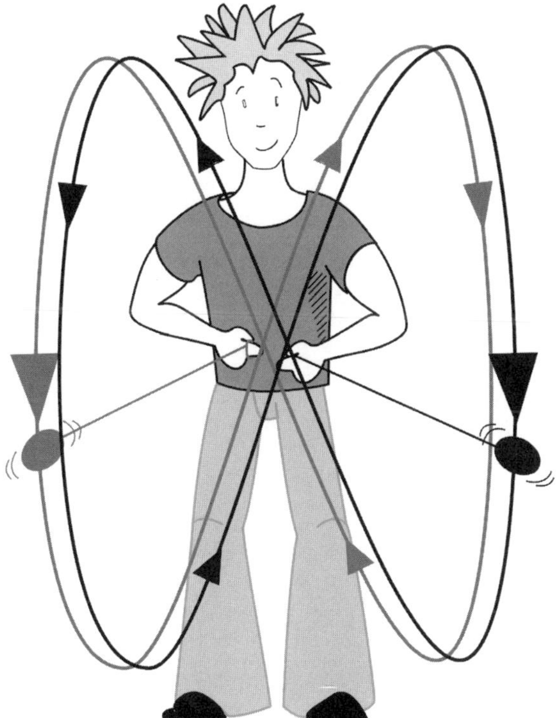

Steigendes Kreuz

Rhythmus-Schema des *steigenden Kreuz* im Viererwechsel:

RH:	↑	↑	↖	↗	↑	↑	↖	↗
LH:	↑	↑	↗	↖	↑	↑	↗	↖
Z:	1	2	3	4	1	2	3	4

Schwinge das *steigende Kreuz* im Dreierwechsel:

Rhythmus-Schema des *steigenden Kreuz* im Dreierwechsel:

RH:	↑	↖	↗	↑	↖	↗
LH:	↑	↗	↖	↑	↗	↖
Z:	1	2	3	1	2	3

Das *steigende Kreuz* besteht im Zweierwechsel nur noch aus Achterschwüngen.

Rhythmus-Schema des *steigenden Kreuz* im Zweierwechsel:

RH:	↖	↗	↖	↗
LH:	↗	↖	↗	↖
Z:	1	2	1	2

Tipp für das *steigende Kreuz*:

- Falls du dich mit den Pois treffen solltest, verlege das *steigende Kreuz* durch das Ausstrecken der Arme weiter vor den Körper. Führe sie erst wenn du sicherer bist wieder an den Körper heran. Schwinge große Achten.

Herzlichen Glückwunsch!
Du hast das Kreuzen überlebt und kannst zumindest diese Zeilen noch lesen. Mir verging beim Einüben dieses Schwunges manchmal das Hören und Sehen.

Flink rechts steigende Sternschnuppe

Lernziel:
In verschiedenen Rhythmen das *flinke rechte Rad im zurück rollenden Wagen* und zwei sich versetzt kreuzende Achterschwünge spielen.

Schwinge zweimal das *flinke rechte Rad im zurück rollenden Wagen*. Beim dritten Schwung setzt du am unteren Scheitelpunkt mit dem rechten Poi den Wechsel nach links an. Kreuze den rechten über den linken Arm! Das linke Poi folgt um eine halbe Umdrehung zurückversetzt. Die Schwungbahnen kreuzen sich also um eine halbe Umdrehung versetzt. Das linke Poi jagt dem rechten um eine halbe Umdrehung versetzt hinterher.

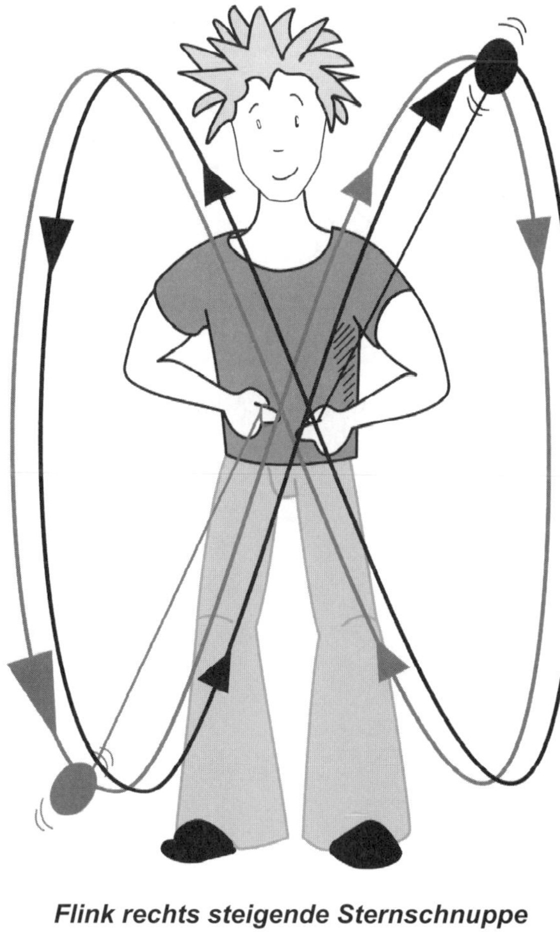

Flink rechts steigende Sternschnuppe

Rhythmus-Schema der *flink rechts steigenden Sternschnuppe* im Viererwechsel:

RH:	$\underline{\uparrow}$	$\underline{\uparrow}$	$\underline{\nwarrow}$	$\underline{\nearrow}$	$\underline{\uparrow}$	$\underline{\uparrow}$	$\underline{\nwarrow}$	$\underline{\nearrow}$
LH:	↑	↑	↗	↖	↑	↑	↗	↖
Z:	1 &	2 &	3 &	4 &	1 &	2 &	3 &	4 &

Übe jetzt versetztes Kreuzen der Pois im Dreierwechsel, anschließend im Zweierwechsel. Hier schwingst du nur noch die versetzten Achten.

Tipps für die *flink rechts steigende Sternschnuppe*:

- Achte ganz besonders auf das versetzte Schwingen. Die rechte Hand spielt der linken immer exakt um eine halbe Umdrehung voraus. Du kannst dies besonders gut beim Einsetzen der Acht beobachten, oder wenn die Pois vor deinem Körper hochsteigen.
- Die Schwungvorgabe ist: Rechtes Handgelenk, linkes Handgelenk, rechtes Handgelenk, linkes Handgelenk.

Herzlichen Glückwunsch!
Du bist in der schönsten Schwungfigur. Ich kann sie stundenlang schwingen. Sie verursacht ein zirkulierendes Hochgefühl!

Flink links steigende Sternschnuppe

Lernziel:
In verschiedenen Rhythmen das *flinke linke Rad im zurück rollenden Wagen* und zwei sich versetzt kreuzende Achterschwünge spielen.

Zunächst schwingst du zweimal das *flinke linke Rad im zurück rollenden Wagen*. Beim dritten Schwung setzt du am unteren Scheitelpunkt mit dem linken Poi den Wechsel nach rechts oben an. Kreuze den linken über den rechten Arm. Das rechte Poi folgt dem Kreuzen der Schwungbahnen um eine halbe Umdrehung zurückversetzt. Diesmal jagt das rechte Poi der Schwungbahn des linken um eine halbe Umdrehung versetzt hinterher.

Flink links steigende Sternschnuppe

Rhythmus-Schema der *flink links steigenden Sternschnuppe* im Viererwechsel:

RH:	↑	↑	↖	↗	↑	↑	↖	↗
LH:	↑	↑	↗	↖	↑	↑	↗	↖
Z:	1 &	2 &	3 &	4 &	1 &	2 &	3 &	4 &

Übe das versetzte Kreuzen der Pois im Dreierwechsel, anschließend im Zweierwechsel. Jetzt schwingst du nur noch die versetzten Achten!

Tipps für die *flink links steigende Sternschnuppe:*

- Achte ganz besonders auf das versetzte Schwingen. Die linke Hand spielt der rechten immer exakt um eine halbe Umdrehung voraus. Du kannst dies besonders gut beim Einsetzen der Acht beobachten, oder wenn die Pois vor deinem Körper hochsteigen. Es ist wichtig, dass immer das Poi der linken Hand zuerst aufsteigt.
- Die Schwungvorgabe ist: Linkes Handgelenk, rechtes Handgelenk, linkes Handgelenk, rechtes Handgelenk.

Herzlichen Glückwunsch!
Spürst du die Lebensfreude? Bist du fasziniert von den Pois? Ich habe noch niemals so schöne Sternschnuppen gesehen. Versuche mal eine Show.

Sehr wichtig:

Für die Achter- und Zauberschwünge kannst du dieselbe Systematik der Übungen I-IV für Kreisschwünge verwenden. Schwinge zunächst viermal den parallelen Schwung, dann viermal rechts vorversetzt. Im Anschluss spielst du vier parallele Schwünge und vier links vorversetzte. Zum Abschluss kombinierst du beide Rhythmen. Schwinge auch hier den Dreier-, Zweier- und Vierer-Zweierwechsel!

Fallendes Kreuz

Lernziel:
Wie beim *steigenden Kreuz* – in entgegengesetzter Schwungrichtung.

Spiele zweimal das *rechte Rad im voran rollenden Wagen.* Am oberen Scheitelpunkt des dritten Schwungs, rechts neben dem Körper, lenkst du das Poi nach links unten, zum unteren Scheitelpunkt des *linken Rades im voran rollenden Wagen.* Von hier schwingst du bis zum oberen Scheitelpunkt links neben dem Körper. Jetzt führst du das Poi nach rechts unten. Du kehrst zum *rechten Rad im voran rollenden Wagen* zurück.

Rechte Acht im fallenden Kreuz

Rechte Hand des *fallenden Kreuz* im Viererwechsel:

RH:	↓	↓	↙	↘	↓	↓	↙	↘
Z:	1	2	3	4	1	2	3	4

Hast du den Viererwechsel der rechten Hand verinnerlicht, so versuche die Acht der linken Hand einzustudieren:

Du schwingst zweimal das *linke Rad im voran rollenden Wagen* und setzt am oberen Scheitelpunkt die Acht an. Diese schwingst du mit zwei Kreisen und kehrst schließlich zum *voran rollenden Wagen* zurück.

Linke Hand des *fallenden Kreuz* im Viererwechsel:

LH:	↓	↓	↘	↙	↓	↓	↘	↙
Z:	1	2	3	4	1	2	3	4

Beherrschst du beide Viererwechsel, so kombiniere sie:

Zunächst schwingst du zweimal beidhändig den *voran rollenden Wagen*. Der dritte Schwung ist der erste des *fallenden Kreuz*. Am oberen Scheitelpunkt steuerst du das Kreuzen der Schwungbahnen an. Sie kreuzen einander in Hüfthöhe vor deinem Körper. Der vierte Schwung ist der zweite Kreis der Acht. Deine Arme sind überkreuzt. Um zurück in den *voran rollenden Wagen* zu kommen, steuerst du nach einer halben Umdrehung am oberen Scheitelpunkt wieder das Kreuzen der Bahnen an und schwingst die Pois zurück in die Ausgangsstellung.

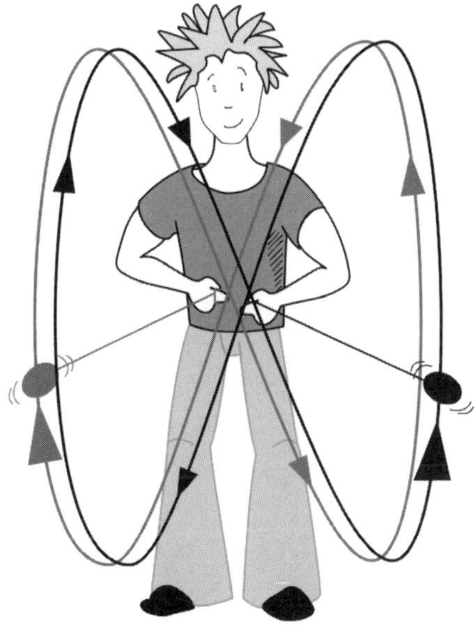

Fallendes Kreuz

Rhythmus-Schema des *fallenden Kreuz* im Viererwechsel:

RH:	↓	↓	↙	↘	↓	↓	↙	↘
LH:	↓	↓	↘	↙	↓	↓	↘	↙
Z:	1	2	3	4	1	2	3	4

Schwinge den Dreier- und den Zweierwechsel!

Tipps für das *fallende Kreuz:*

- Kreuze die Pois anfangs nicht zu nahe am Körper. Das verringert die Anzahl der Schläge gegen deinen Körper. Beschreibe weite Achten.
- Verlege die Position des *fallenden Kreuz* durch das Ausstrecken der Arme vor den Körper. Führe sie erst nachdem du sicherer bist wieder an den Körper.

Herzlichen Glückwunsch!
Ich weiß nicht, ob ich dir jetzt wirklich gratulieren oder dich bemitleiden soll. Ich kann mir vorstellen, wie du dich fühlst. Doch freue dich auf die nächsten beiden *Sternschnuppen*, sie sind wirklich die Krönung der Poi-Schöpfung!

Flink rechts fallende Sternschnuppe

Lernziel:
Wie bei der *flink rechts steigenden Sternschnuppe* - in entgegengesetzter Schwungrichtung.

Schwinge zweimal das *flinke rechte Rad im voran rollenden Wagen*. Beim dritten Schwung setzt du am oberen Scheitelpunkt mit dem rechten Poi den Wechsel nach links an. Kreuze den rechten unter den linken Arm! Das linke Poi folgt dem Kreuzen der Bahnen um eine halbe Umdrehung zurückversetzt. Das linke Poi folgt der Schwungbahn des rechten. Die Schwungvorgabe ist: Rechtes Handgelenk, linkes Handgelenk, rechtes Handgelenk, linkes Handgelenk.

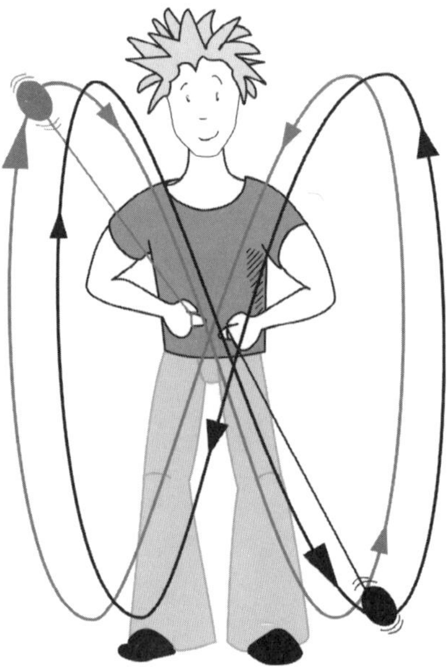

Flink rechts fallende Sternschnuppe

Rhythmus-Schema der *flink rechts fallenden Sternschnuppe* im Viererwechsel:

RH:	↓	↓	↙	↘	↓	↓	↙	↘
LH:	↓	↓	↘	↙	↓	↓	↘	↙
Z:	1 &	2 &	3 &	4 &	1 &	2 &	3 &	4 &

Übe das versetzte Kreuzen der Pois im Dreierwechsel, anschließend im Zweierwechsel. Jetzt schwingst du nur noch die Achten!

Herzlichen Glückwunsch!
Du bist im Universum der Pois. Diese Choreographie habe ich bei einem nächtlichen Spaziergang stundenlang gespielt. Es war super! Versuche es.

Flink links fallende Sternschnuppe

Lernziel:
Wie bei der *flink links steigenden Sternschnuppe* - in entgegengesetzter Schwungrichtung.

Spiele zweimal das *flinke linke Rad im voran rollenden Wagen*. Am oberen Scheitelpunkt setzt du den Wechsel mit dem linken Poi nach rechts unten an. Kreuze den linken unter den rechten Arm. Das rechte Poi folgt dem Kreuzen der Schwungbahnen um eine halbe Umdrehung zurückversetzt. Das rechte Poi jagt der Schwungbahn des linken um eine halbe Umdrehung versetzt hinterher. Die Schwungvorgabe ist: Linkes Handgelenk, rechtes Handgelenk, linkes Handgelenk, rechtes Handgelenk.

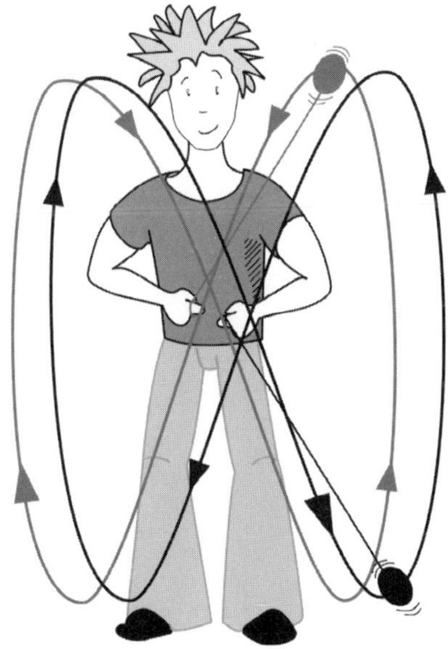

Flink links fallende Sternschnuppe

Rhythmus-Schema der *flink links fallenden Sternschnuppe* im Viererwechsel:

RH:	↓	↓	↙	↘	↓	↓	↙	↘
LH:	↓	↓	↘	↙	↓	↓	↘	↙
Z:	1 &	2 &	3 &	4 &	1 &	2 &	3 &	4 &

Du weißt sicher, was jetzt folgt: Der Dreierwechsel, und anschließend der Zweierwechsel (bei dem nur noch die Achten schwingen)!

Herzlichen Glückwunsch!
Ich zolle dir meine Hochachtung! Du spielst alle Möglichkeiten der schönsten Schwungfigur. Du hast alle Höhen und Tiefen erlebt - wie im richtigen Leben. Freude und Leid liegen so nahe beieinander. Diese Schwungfigur ist ein wunderschönes Bild dafür. Doch jetzt wende dich wieder der Sonnenseite des Lebens zu.

Variationen

Schwungvariationen für Achterschwünge aus dem *Wagen:*

- ❖ Verändere die Schwungbahnposition der geschwungenen Achten. Deine Hände wandern vor deinem Körper nach oben, bis über den Kopf, und wieder zurück.

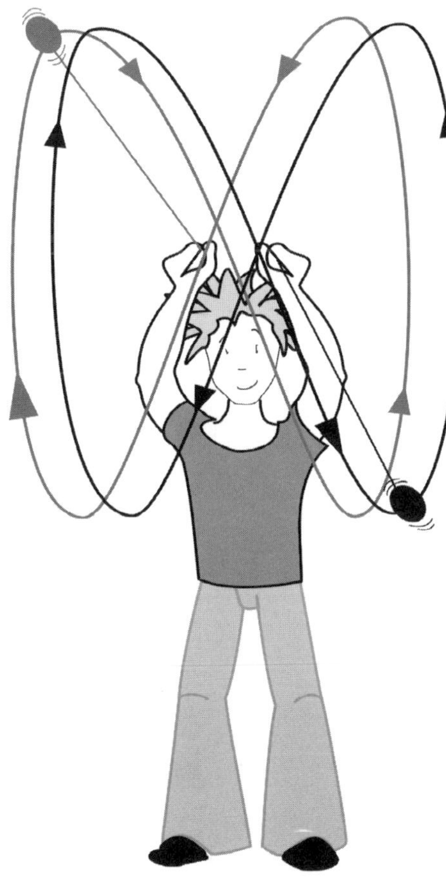

***Flink rechts fallende Sternschnuppe* über dem Kopf**

- ❖ Du kannst die Größe der geschwungenen Achten verändern. Beide Arme beschreiben ausgestreckt die Achten.

- ❖ Die Arme wandern weiter vor den Körper.

Kapitel 4: Aus der Sonne

In diesem Abschnitt werden sowohl ein- wie zweihändige Achterschwünge gelernt. Diese sind einfach zu lernen, weil du mit den Händen nicht die Körperachse überquerst. Die Vielzahl unterschiedlicher und doch ähnlicher Schwünge verwirrt vielleicht ein wenig. Doch will ich dir mit diesem Beispiel einen Einblick in die Vielfalt der möglichen Schwungfiguren geben.

Rechtes Morgenrot

Lernziel:
In verschiedenen Rhythmen die *aufgehende Sonne* und den nach rechts hinter den Körper führenden Achterschwung zu schwingen.

Rechtes Morgenrot

Zunächst schwingst du zweimal die *aufgehende Sonne*. Beim dritten und vierten Kreis der rechten Hand folgt das *rechte Morgenrot*. Der erste Kreis des *rechten Morgenrots* entspricht bis zum oberen Scheitelpunkt der Schwungbahn der *aufgehenden Sonne*. Hier steuerst du den vierten Kreis hinter dem Körper an. Diesen schwingst du wiederum bis zum oberen Scheitelpunkt, und führst das Poi wieder zurück in die *aufgehende Sonne*. Das linke Poi schwingt alle vier Kreise den *linken Strahl der aufgehenden Sonne*.

Übe diese Choreographie, bis du sie fließend und formschön beherrscht. Achte beim Schwingen auf die Geschwindigkeit der Kreise. Wenn das rechte Poi wieder vor den Körper kommt, sollte es erneut im Kreiskreuzschwung schwingen.

Rhythmus-Schema des *rechten Morgenrots* im Viererwechsel:

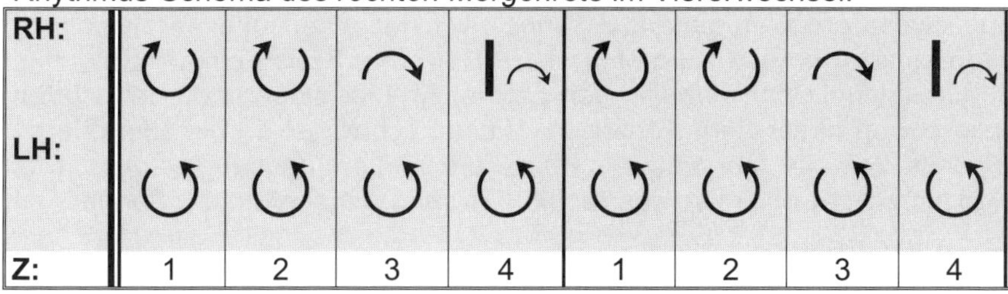

Rhythmus-Schema des *rechten Morgenrots* im Dreierwechsel:

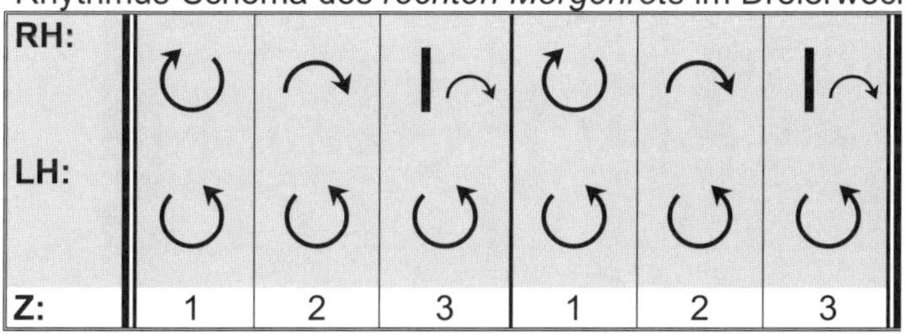

Rhythmus-Schema des *rechten Morgenrots* im Zweierwechsel:

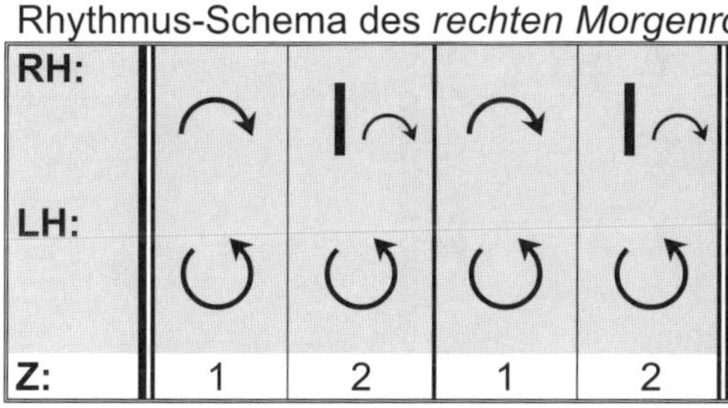

Tipp für das *rechte Morgenrot:*

- Beim Zurückführen des rechten Poi stoßen beide Pois zusammen: Vermutlich stimmt dein Timing nicht, oder du schwingst den Achterschwung nicht exakt.

Herzlichen Glückwunsch!
Du bist früh aufgestanden und hast dir das erste *Morgenrot* besehen. Es war bestimmt toll. Genieße es, und verbleibe noch in der Aufbruchstimmung der einhändigen Achterschwünge.

Linkes Morgenrot

Lernziel:
In verschiedenen Rhythmen die *aufgehende Sonne* und den nach links hinter den Körper führenden Achterschwung zu spielen.

Schwinge zweimal die *aufgehende Sonne*. Auf der „Drei“ und der „Vier“ der linken Hand spielst du das *linke Morgenrot.* Der erste Kreis entspricht bis zum oberen Scheitelpunkt *der aufgehenden Sonne*. Ab hier steuerst du den vierten Kreis links außen hinter dem Körper an. Diesen schwingst du bis zum oberen Scheitelpunkt. Von hier führst du das Poi zurück in die *aufgehende Sonne*. Das rechte Poi schwingt vier Kreise den *rechten Strahl der aufgehenden Sonne*.

Rhythmus-Schema des *linken Morgenrots* im Viererwechsel:

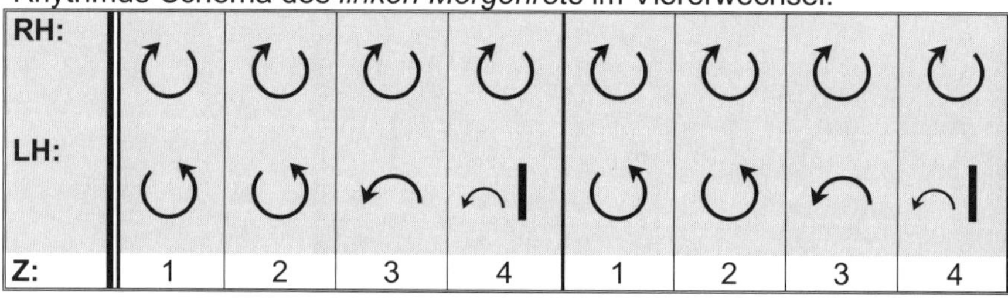

Rhythmus-Schema des *linken Morgenrots* im Dreierwechsel:

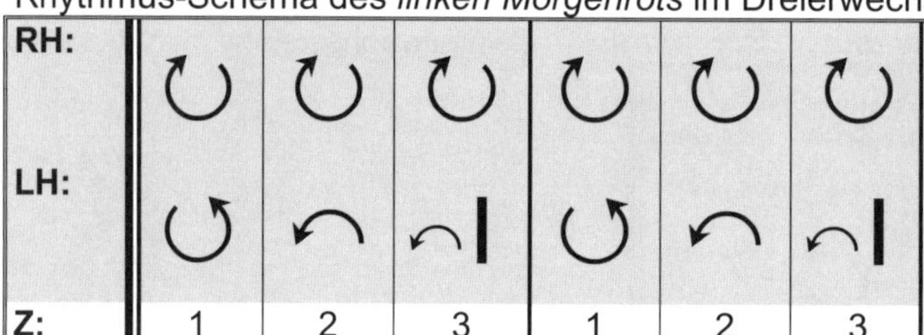

Rhythmus-Schema des *linken Morgenrots* im Zweierwechsel:

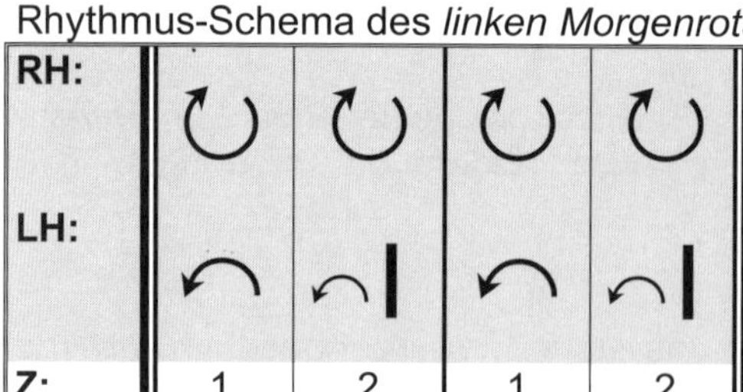

Herzlichen Glückwunsch!
Du erlebst die Farbenvielfalt des *Morgenrots*. Nur wenn du es genau betrachtest und es auf dich wirken lässt, erkennst du seine ganze Schönheit.

Anmerkung zu den Abbildungen:

In diesem und den folgenden Kapiteln sind weniger Abbildungen eingefügt. Der Schwungbahnverlauf für die beidhändigen in einem Kapitel zusammengefassten Schwungfiguren ist immer derselbe. Es ändert sich lediglich die Schwungrichtung und die Stellung der Pois zueinander.

Volles Morgenrot

Lernziel:
In verschiedenen Rhythmen die *aufgehende Sonne* und gleichzeitig das *rechte und linke Morgenrot* zu spielen.

Du schwingst zweimal die *aufgehende Sonne*, anschließend gleichzeitig das *volle (rechte und linke) Morgenrot*.

Volles Morgenrot

Rhythmus-Schema des *vollen Morgenrots* im Viererwechsel:

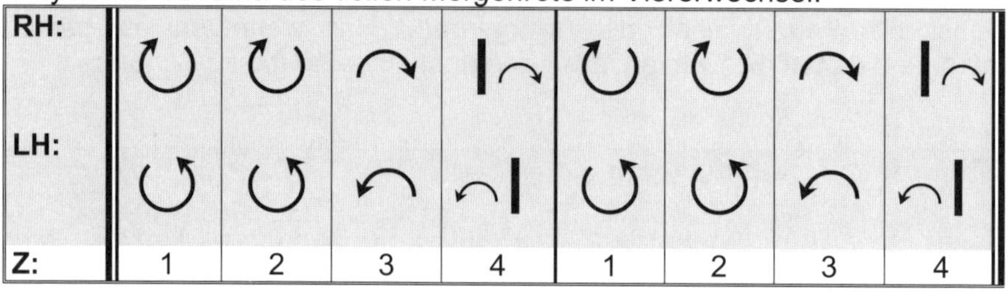

Rhythmus-Schema des *vollen Morgenrots* im Dreierwechsel:

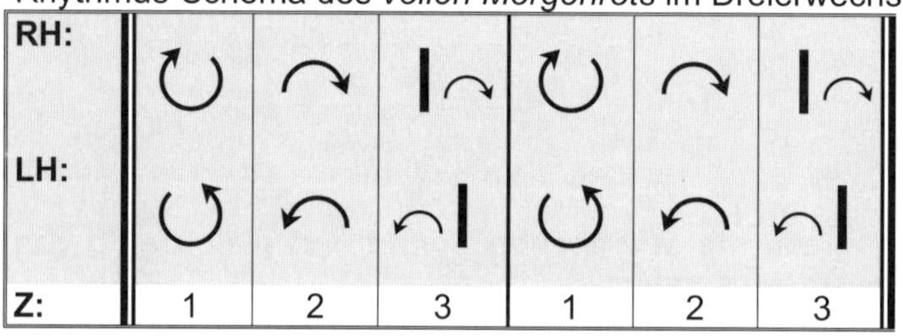

Rhythmus-Schema des *vollen Morgenrots* im Zweierwechsel:

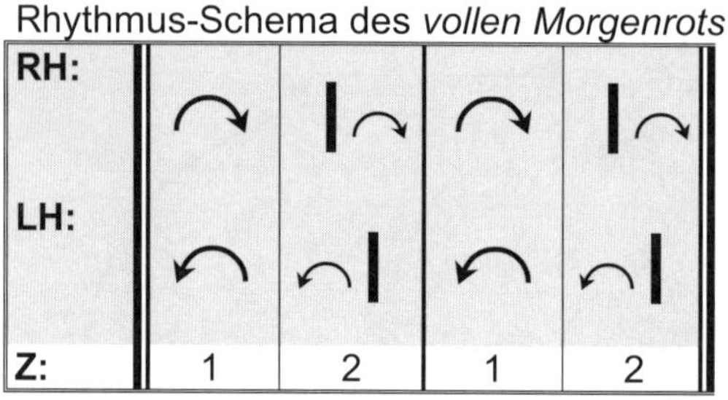

Herzlichen Glückwunsch!
So wie das *volle Morgenrot* jetzt vor und neben deinem Körper leuchtet, darfst du dich freuen. Du kennst alle Farben im *Morgenrot*. Lerne jetzt ihre Leuchtkraft kennen.

Flinker rechter Strahl im rechten Morgenrot

Lernziel:
In verschiedenen Rhythmen den *flinken rechten Strahl der aufgehenden Sonne* und das *rechte Morgenrot* zu spielen.

Schwinge zweimal den *flinken rechten Strahl der aufgehenden Sonne*. Auf der „Drei“ und der „Vier“ der rechten Hand spielst du den *flinken rechten Strahl im rechten Morgenrot***.** Dieser Schwung ist immer rechts um eine **halbe Umdrehung vorversetzt**.

Rhythmus-Schema des *flinken rechten Strahls im rechten Morgenrot* im Viererwechsel:

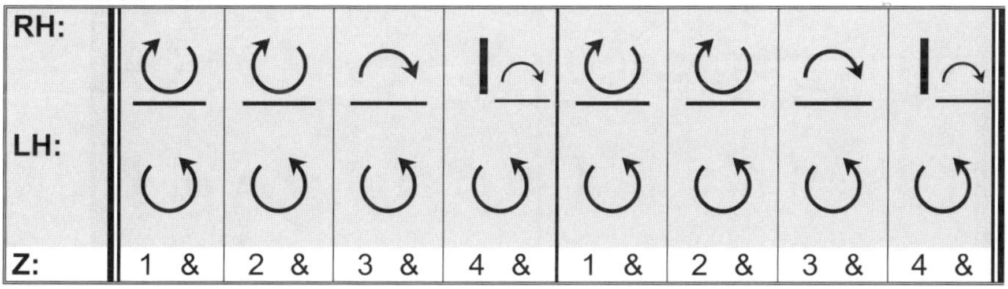

Schwinge den Dreier- und den Zweierwechsel!

Tipps für den *flinken rechten Strahl im rechten Morgenrot:*

- Das Timing ist sehr wichtig. Achte stets darauf: Das rechte Poi muss um eine halbe Umdrehung vorversetzt rotieren. Du kannst dies besonders gut kontrollieren, wenn du das rechte Poi aus dem Achterschwung in den versetzten Kreiskreuzschwung zurückführst.
- Beim Zurückführen des rechten Poi stoßen beide Pois zusammen: Vermutlich stimmt dein Timing nicht, oder du schwingst den Achterschwung nicht exakt.
- Achte auf die Schwungvorgabe: Rechtes Handgelenk, linkes Handgelenk, rechtes Handgelenk, linkes Handgelenk.

Herzlichen Glückwunsch!
Du spielst mit den Pois so wie der Himmel mit den Farben. Du tauchst mehr und mehr in die Philosophie der Pois ein. Weiter so!

Flinker rechter Strahl im linken Morgenrot

Lernziel:
In verschiedenen Rhythmen den *flinken rechten Strahl der aufgehenden Sonne* und das *linke Morgenrot* zu spielen.

Spiele zweimal den *flinken rechten Strahl der aufgehenden Sonne*. Auf der „Drei" und der „Vier" schwingt die um eine **halbe Umdrehung zurückversetzte Acht**. Das rechte Poi dreht den um eine halbe Umdrehung vorversetzten *flinken rechten Strahl der aufgehenden Sonne*.

Rhythmus-Schema des *flinken rechten Strahls im linken Morgenrot* im Viererwechsel:

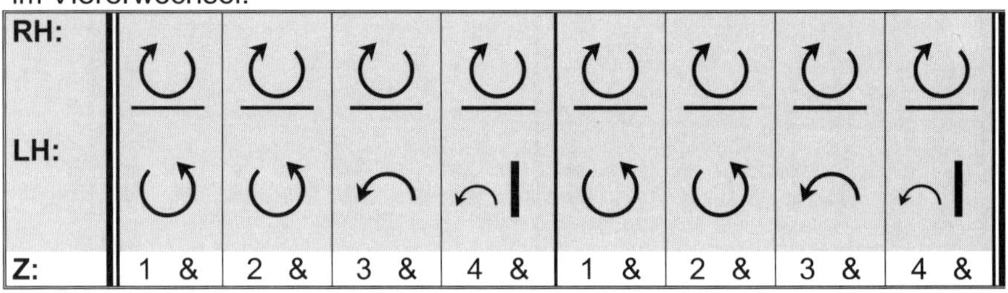

Schwinge den Dreier- und Zweierwechsel!

Tipps für den *flinken rechten Strahl im linken Morgenrot:*

- Das Timing ist sehr wichtig. Achte stets darauf: Das rechte Poi muss um eine halbe Umdrehung vorversetzt drehen. Du kannst dies besonders gut kontrollieren, wenn du das linke Poi aus dem Achterschwung in den versetzten Kreiskreuzschwung zurückführst.
- Achte auf die Schwungvorgabe: Rechtes Handgelenk, linkes Handgelenk, rechtes Handgelenk, linkes Handgelenk.

Herzlichen Glückwunsch!
Der Rhythmus der fliegenden Kugeln taucht in deinen Körper und in deine Seele ein, so wie der Morgen aus der Nacht hervorsteigt.

Flinker rechter Strahl im vollen Morgenrot

Lernziel:
In verschiedenen Rhythmen den ***flinken rechten Strahl der aufgehenden Sonne*** **und das** ***volle Morgenrot*** **zu spielen.**

Im Vergleich zum *vollen Morgenrot* ändert sich nur das Timing der Achterschwünge. Du führst sie nicht gleichzeitig aus, sondern das **rechte Poi schwingt die Acht um eine halbe Umdrehung vorversetzt**.

Rhythmus-Schema des *flinken rechten Strahls im vollen Morgenrot* im Viererwechsel:

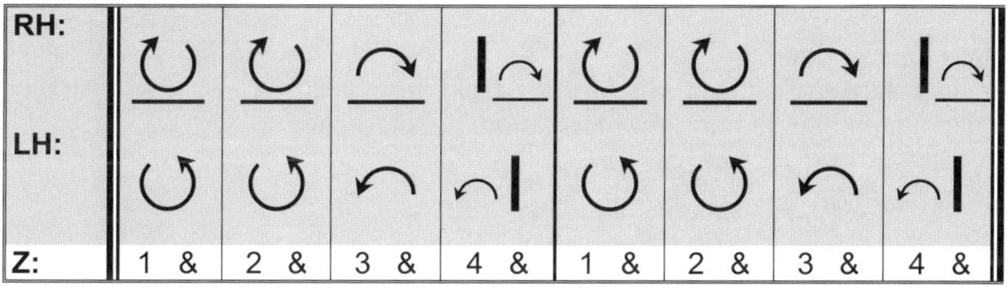

Schwinge den Dreier- und den Zweierwechsel!

Herzlichen Glückwunsch!
Ist es nicht ein schönes Gefühl zu sehen, wie sich die Poi-Bahnen ineinander fügen? So wie die Himmelsfarben harmonisch übergehen und klarer werden, so entfaltest auch du zunehmend deinen Stil und dein Können.

Flinker linker Strahl im rechten Morgenrot

Lernziel:
In verschiedenen Rhythmen den ***flinken linken Strahl der aufgehenden Sonne*** **und das** ***rechte Morgenrot*** **zu spielen.**

Schwinge zweimal den *flinken linken Strahl der aufgehenden Sonne*. Auf der „Drei“ und der „Vier“ der rechten Hand spielst du die rechts um eine **halbe Umdrehung zurückversetzte Acht.** Die linke Hand spielt den um eine halbe Umdrehung vorversetzten *linken Strahl der aufgehenden Sonne*. Achte auf die Schwungvorgabe: Linkes Handgelenk, rechtes Handgelenk, linkes Handgelenk, rechtes Handgelenk.

Rhythmus-Schema des *flinken linken Strahls im rechten Morgenrot*
im Viererwechsel:

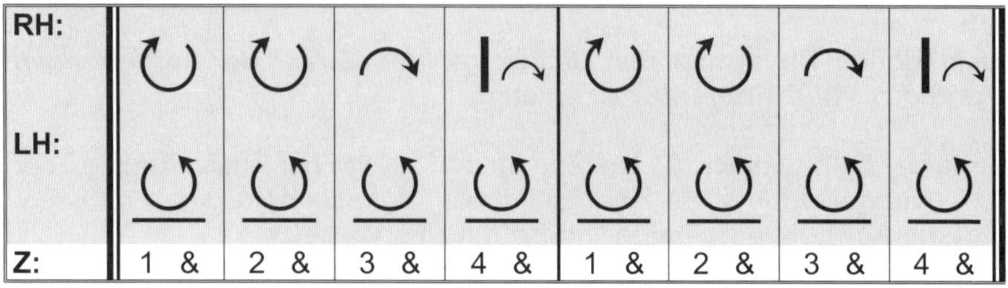

Schwinge den Dreier- und den Zweierwechsel!

Herzlichen Glückwunsch!
Dies ist die letzte Phase des *Morgenrots*. Bald kennst du es in seiner ganzen Vielfalt und Schönheit. Du darfst wirklich stolz auf dich sein.

Flinker linker Strahl im linken Morgenrot

Lernziel:
In verschiedenen Rhythmen den *flinken linken Strahl der aufgehenden Sonne* und das *linke Morgenrot* zu spielen.

Schwinge zweimal den *flinken linken Strahl der aufgehenden Sonne*, auf der „Drei" und der „Vier" die um eine **halbe Umdrehung links vorversetzte Acht.**

Rhythmus-Schema des *flinken linken Strahls im linken Morgenrot*
im Viererwechsel:

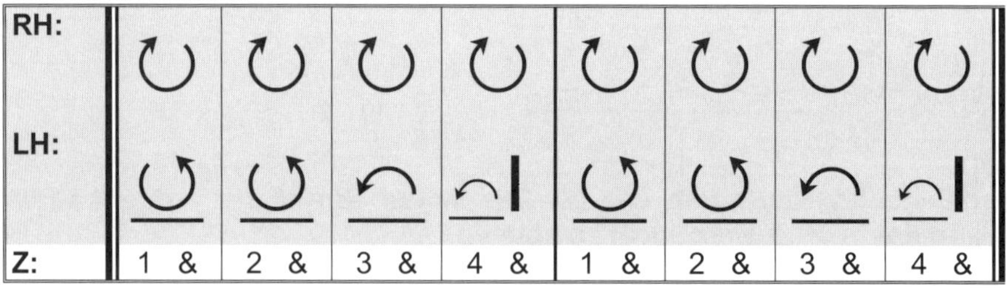

Schwinge den Dreier- und den Zweierwechsel!

Herzlichen Glückwunsch!
Du kennst jetzt fast alle Facetten des *Morgenrots*, hast sie studiert und eingeübt. Du wirst sie nicht vergessen und vielleicht bei deiner nächsten Show damit andere Menschen erfreuen. Das ist ein schöner Gedanke.

Flinker linker Strahl im vollen Morgenrot

Lernziel:
In verschiedenen Rhythmen den *flinken linken Strahl der aufgehenden Sonne* und das *volle Morgenrot* zu spielen.

Im Vergleich zum *vollen Morgenrot* ändert sich nur das Timing der Achterschwünge. Du führst sie nicht gleichzeitig, sondern das **linke Poi spielt die Acht um eine halbe Umdrehung vorversetzt**.

Rhythmus-Schema des *flinken linken Strahls im vollen Morgenrot* im Viererwechsel:

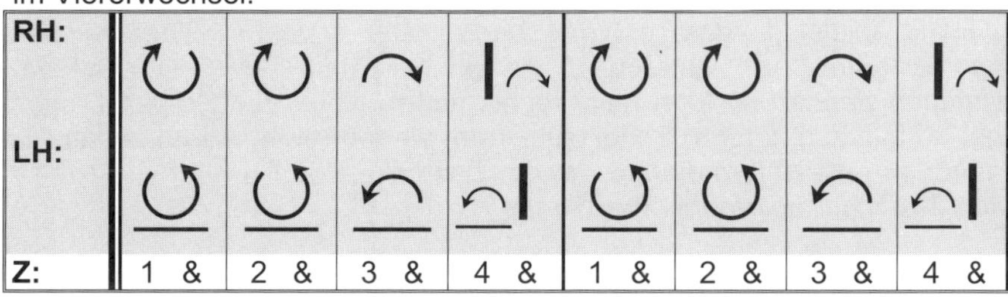

Schwinge den Dreier- und den Zweierwechsel!

Herzlichen Glückwunsch!
Der Tag ist angebrochen, denn du kennst nun wirklich alle Variationen des *Morgenrots*. Verbringe den Tag damit, selbst Rhythmus-Schemata mit den bisher bekannten Schwungfiguren zusammenzustellen, und wende dich anschließend dem *Abendrot* zu. Es war ein guter Tag.

<u>Sehr wichtig:</u>

Für die Achter- und Zauberschwünge kannst du dieselbe Systematik der Übungen I-IV für Kreisschwünge verwenden. Schwinge zunächst viermal den parallelen Schwung, dann viermal rechts vorversetzt. Im Anschluss spielst du vier parallele Schwünge und vier links vorversetzte. Zum Abschluss kombinierst du beide Rhythmen. Schwinge auch hier den Dreier-, Zweier- und Vierer-Zweierwechsel!

Rechtes Abendrot

Die Schwungfiguren *Abendrot* entsprechen den jeweiligen im *Morgenrot*, allerdings in umgekehrter Schwungrichtung.

Lernziel:
In verschiedenen Rhythmen die *untergehende Sonne* und einen vor und nach rechts hinter den Körper führenden Achterschwung zu spielen.

Schwinge zweimal die *untergehende Sonne*. Auf die „Drei“ und die „Vier“ der rechten Hand spielst du das *rechte Abendrot*. Der erste Kreis des *rechten Abendrots* beginnt am unteren Scheitelpunkt der Schwungbahn der *untergehenden Sonne* und führt nach rechts außen hinter den Körper. Diesen schwingst du bis zum unteren Scheitelpunkt Im vierten Kreis führst Du das Poi wieder zurück in die *untergehende Sonne*. Das linke Poi schwingt vier Kreise den *linken Strahl der untergehenden Sonne.*

Rhythmus-Schema des *rechten Abendrots* im Viererwechsel:

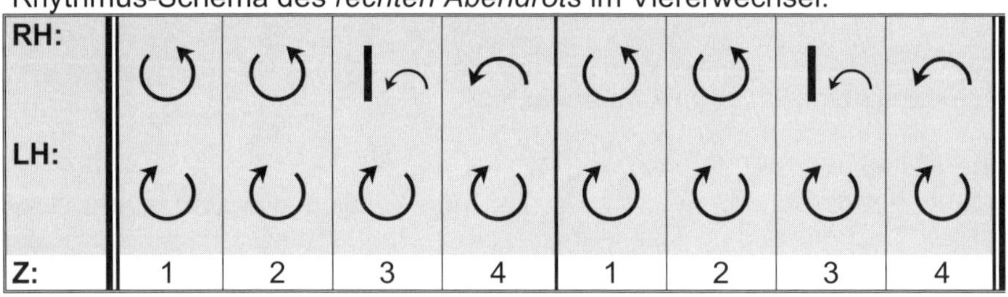

Schwinge den Dreier- und den Zweierwechsel!

Herzlichen Glückwunsch!
Du näherst dich der ersten Stufe des *Abendrots* an und bekommst eine Ahnung von seiner Schönheit. Bleibe weiterhin neugierig. Es erwarten dich noch schöne Stunden unter dem Abendhimmel.

Linkes Abendrot

Lernziel:
In verschiedenen Rhythmen die *untergehende Sonne* und einen vor und nach links hinter den Körper führenden Achterschwung zu spielen.

Schwinge zweimal die *untergehende Sonne*. Auf der „Drei" und der "Vier" der linken Hand spielst du das *linke Abendrot*. Der erste Kreis des *linken Abendrots* beginnt am unteren Scheitelpunkt der *untergehenden Sonne* und führt nach links außen hinter den Körper. Am unteren Scheitelpunkt steuerst du mit dem vierten Kreis das Poi wieder zurück in die *untergehende Sonne*. Das rechte Poi schwingt vier Kreise den *rechten Strahl der untergehenden Sonne*.

Rhythmus-Schema des *linken Abendrots* im Viererwechsel:

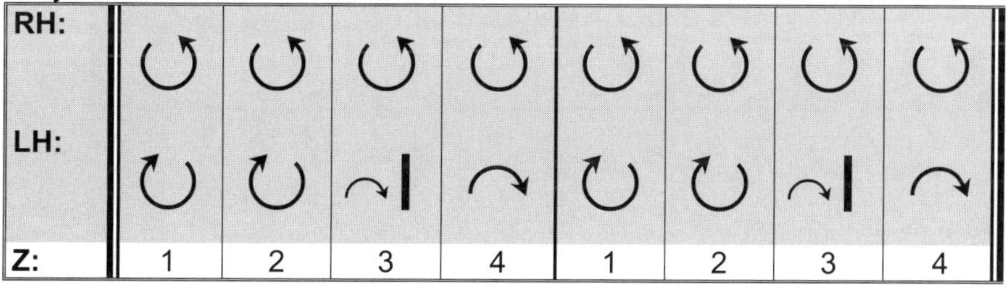

Schwinge den Dreier- und den Zweierwechsel!

Herzlichen Glückwunsch!
Jetzt bekommst du langsam eine Ahnung von der Schönheit des Poi-Himmels. Lasse die Freude an diesem Poi-Abend auf dich wirken und genieße die Zufriedenheit.

Volles Abendrot

Lernziel:
In verschiedenen Rhythmen die *untergehende Sonne* und gleichzeitig das *rechte* und *linke Abendrot* zu spielen.

Schwinge zweimal die *untergehende Sonne*, anschließend gleichzeitig das *volle (rechte und linke) Abendrot.*

Rhythmus-Schema des *vollen Abendrots* im Viererwechsel:

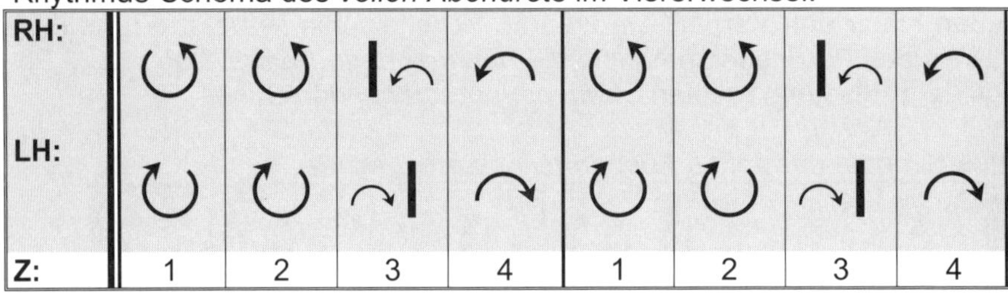

Schwinge den Dreier- und den Zweierwechsel!

Herzlichen Glückwunsch!
Jetzt kennst du das *volle Abendrot*. Schaue es dir ganz genau an. Lasse die Stimmung auf dich wirken. Die *Sonne* kommt wieder, so sicher wie deine Pois aus der Acht wieder zurückkommen.

Flinker rechter Strahl im rechten Abendrot

Lernziel:
In verschiedenen Rhythmen den *flinken rechten Strahl der untergehenden Sonne* und das *rechte Abendrot* zu spielen.

Rhythmus-Schema des *flinken rechten Strahls im rechten Abendrot* im Viererwechsel:

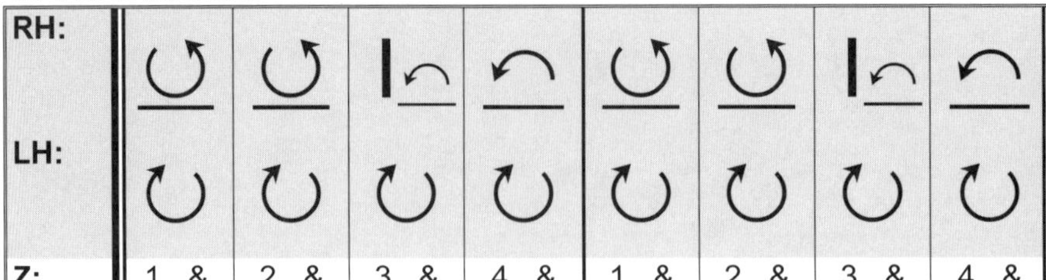

Schwinge den Dreier und Zweierwechsel!

Herzlichen Glückwunsch!
Nun lernst du die Vielfalt des *Abendrots* und seine feinen Nuancen kennen. Denke daran, dass dich oft ein kleiner Erfolg zu neuen Ufern trägt. Ich wünsche dir viel Lust auf Ausdauer.

Flinker rechter Strahl im linken Abendrot

Lernziel:
In verschiedenen Rhythmen den *flinken rechten Strahl der untergehenden Sonne* und das *linke Abendrot* zu spielen.

Rhythmus-Schema des *flinken rechten Strahls im linken Abendrot* im Viererwechsel:

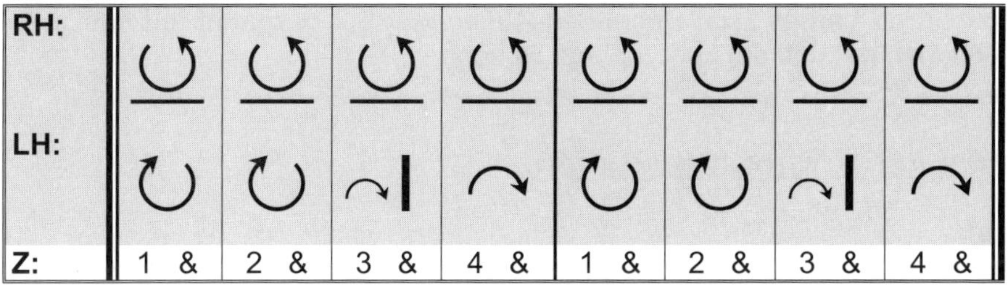

Schwinge den Dreier- und den Zweierwechsel!

Herzlichen Glückwunsch!
Nun kennst du noch eine Variante des *Abendrots*. Hättest du vermutet, dass es so vielfältig und schön ist? Lasse es ein wenig auf dich wirken, bevor du dich seinem vollen Glanz näherst.

Flinker rechter Strahl im vollen Abendrot

Lernziel:
In verschiedenen Rhythmen den *flinken rechten Strahl der untergehenden Sonne* und das *volle Abendrot* zu spielen.

Rhythmus-Schema des *flinken rechten Strahls im vollen Abendrot* im Viererwechsel:

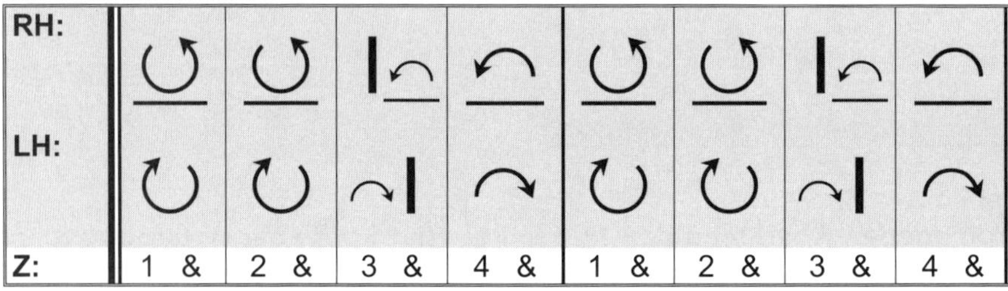

Schwinge den Dreier- und den Zweierwechsel!

Herzlichen Glückwunsch!
Jetzt kennst du bereits zwei Drittel des *Abendrots*. Sei gespannt auf das, was dich noch erwartet. Ich denke, du ahnst es schon.

Flinker linker Strahl im rechten Abendrot

Lernziel:
In verschiedenen Rhythmen den *flinken linken Strahl der untergehenden Sonne* und das *rechte Abendrot* zu spielen.

Rhythmus-Schema des *flinken linken Strahls im rechten Abendrot* im Viererwechsel:

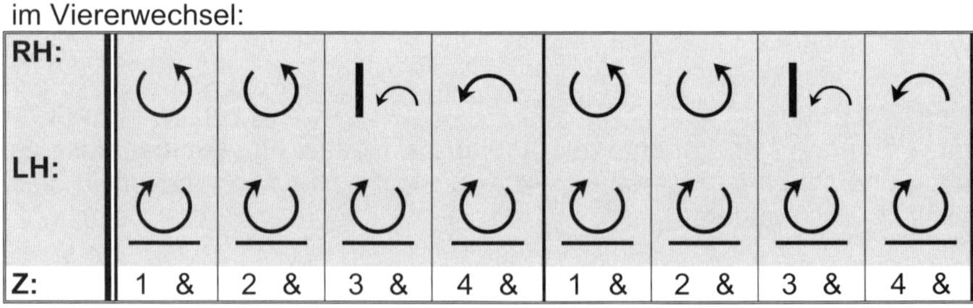

Schwinge den Dreier- und den Zweierwechsel!

Herzlichen Glückwunsch!
Du kennst das *Abendrots* nun fast in seiner gesamten Vielfalt.

Flinker linker Strahl im linken Abendrot

Lernziel:
In verschiedenen Rhythmen den *flinken linken Strahl der untergehenden Sonne* und das *linke Abendrot* zu spielen.

Rhythmus-Schema des *flinken linken Strahls im linken Abendrot* im Viererwechsel:

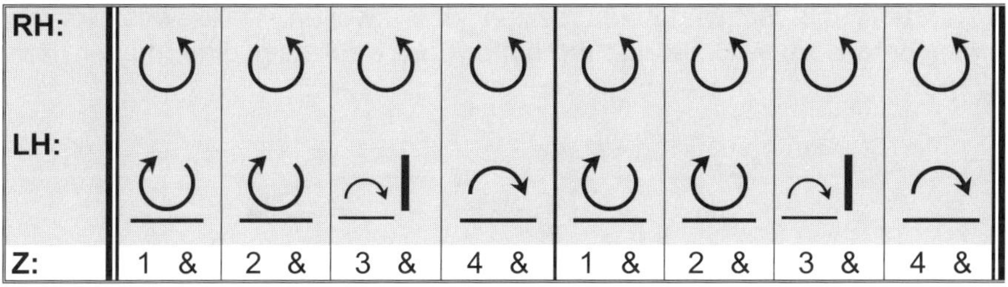

Du schwingst den Dreier- und Zweierwechsel!

Herzlichen Glückwunsch!
Der Nachthimmel zieht auf. Doch noch scheint die *Sonne* und du spielst mit ihren Strahlen und Farben. Du bist ein Meisterschüler der *Sonnen*schwünge.

Flinker linker Strahl im vollen Abendrot

Lernziel:
In verschiedenen Rhythmen den *flinken linken Strahl der untergehenden Sonne* und das *volle Abendrot* zu spielen.

Rhythmus-Schema des *flinken linken Strahls im vollen Abendrot* im Viererwechsel:

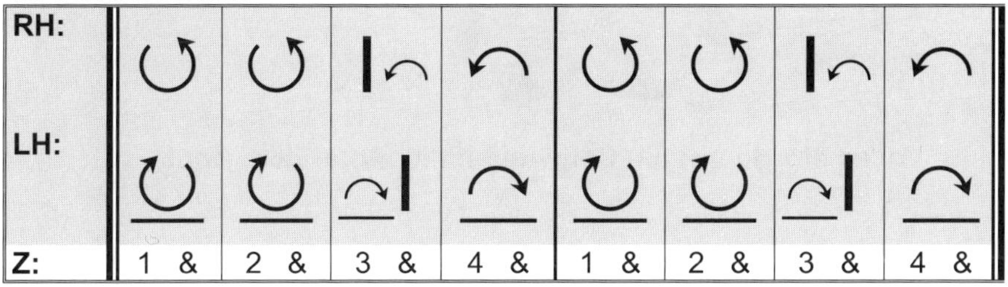

Schwinge den Dreier- und den Zweierwechsel!

Herzlichen Glückwunsch!
Jetzt kennst du wirklich alle Farben und Formen des *Abendrots*.

Variationen

Schwungvariationen für Achterschwünge aus der *Sonne:*

- Du kannst die Größe der geschwungenen Kreise verändern, indem du einen oder beide ausgestreckte Arme mitkreisen lässt.
- Verändere die Schwungbahnposition des zweiten Teilkreises seitlich hinter dem Körper. Schwinge ihn hinter dem Kopf oder direkt hinter dem Körper.

***Volles Morgenrot* mit Schwung links hinter dem Kopf**

Rhythmen II

Lernziel:
Vertiefen und Kombinieren bisher gelernter Schwünge und Schwung-Bezeichnungen sowie der Symbole.

Rhythmus-Schema 5:

Welche Schwungfiguren kommen der Reihe nach vor? Schreibe sie auf und vergleiche mit der Lösung im Anhang!

Rhythmus-Schema 5 im Viererwechsel:

RH:	$\uparrow$	$\nwarrow$	$\nearrow$	$\uparrow$	$\underline{\uparrow}$	$\underline{\nwarrow}$	$\underline{\nearrow}$	$\underline{\uparrow}$
LH:	$\uparrow$	$\nearrow$	$\nwarrow$	$\uparrow$	$\uparrow$	$\nearrow$	$\nwarrow$	$\uparrow$
Z:	1	2	3	4	1 &	2 &	3 &	4 &

RH:	$\uparrow$	$\nwarrow$	$\nearrow$	$\uparrow$	$\uparrow$	$\nwarrow$	$\nearrow$	$\uparrow$
LH:	$\uparrow$	$\nearrow$	$\nwarrow$	$\uparrow$	$\underline{\uparrow}$	$\underline{\nearrow}$	$\underline{\nwarrow}$	$\underline{\uparrow}$
Z:	1	2	3	4	1 &	2 &	3 &	4 &

Rhythmus-Schema 6:

Welche Schwungfiguren kommen der Reihe nach vor? Schreibe sie auf und vergleiche mit der Lösung im Anhang!

Rhythmus-Schema 6 im Zweierwechsel:

RH:	$\swarrow$	$\searrow$	$\underline{\swarrow}$	$\underline{\searrow}$	$\swarrow$	$\searrow$	$\swarrow$	$\searrow$
LH:	$\searrow$	$\swarrow$	$\searrow$	$\swarrow$	$\searrow$	$\swarrow$	$\underline{\searrow}$	$\underline{\swarrow}$
Z:	1	2	1 &	2 &	1	2	1 &	2 &

Rhythmus-Schema 7:

Welche Schwungfiguren kommen der Reihe nach vor? Schreibe sie auf und vergleiche mit der Lösung im Anhang!

Rhythmus-Schema 7 im Viererwechsel:

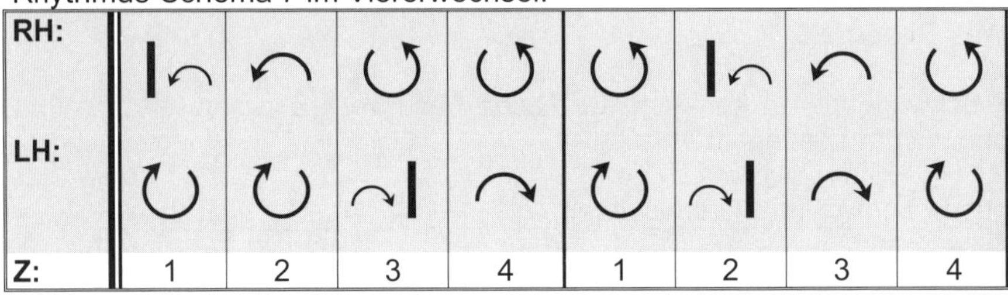

Schwinge dieses Rhythmus-Schema zunächst mit dem Poi der rechten Hand um eine halbe Umdrehung vorversetzt. Versuche den Schwung anschließend mit dem linken Poi, wiederum um eine halbe Umdrehung vorversetzt!

Rhythmus-Schema 8:

Spiele das folgende Rhythmus-Schema. Welche Schwungfiguren kommen der Reihe nach vor? Schreibe sie auf. Zeichne das Schema in umgekehrter Schwungrichtung und schreibe auch hier die Schwungfiguren-Bezeichnungen auf. Vergleiche mit der Lösung im Anhang!

Rhythmus-Schema 8 im Viererwechsel:

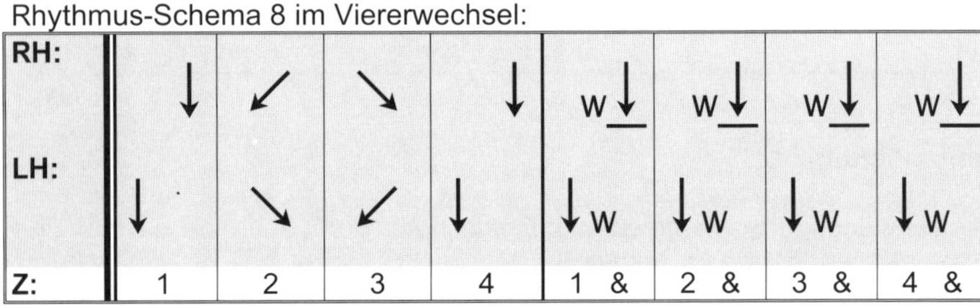

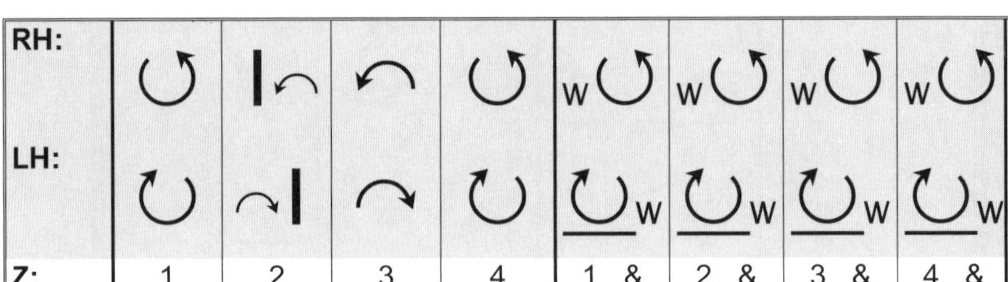

Rhythmus-Schema 9:

Spiele das folgende Rhythmus-Schema. Welche Schwungfiguren kommen der Reihe nach vor? Schreibe sie auf. Zeichne das Schema in umgekehrter Schwungrichtung und schreibe auch hier die Schwungfiguren-Bezeichnungen auf. Vergleiche mit der Lösung im Anhang!

Rhythmus-Schema 9 im Zweierwechsel:

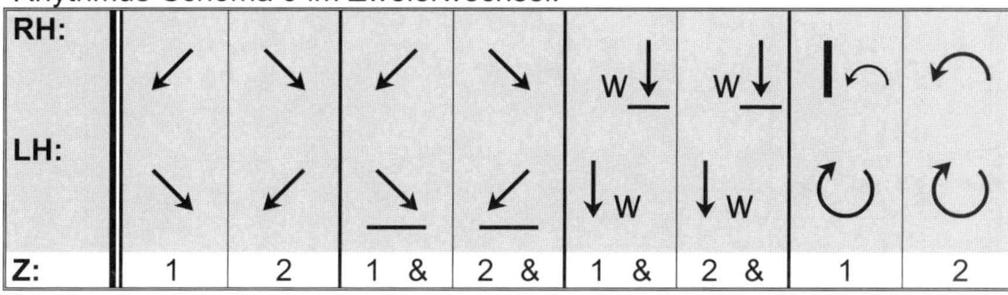

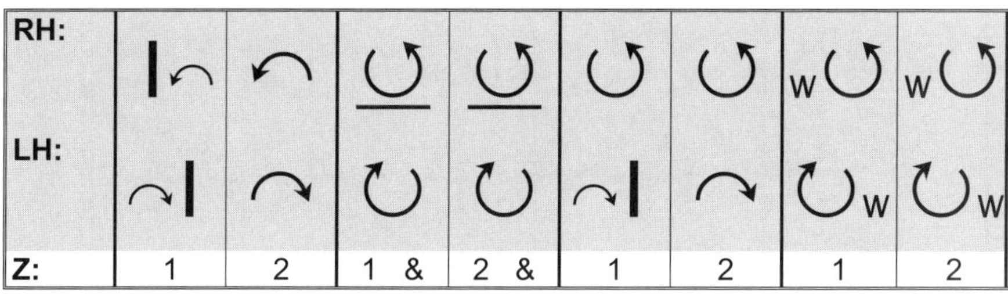

Rhythmus-Schema 10:

Spiele das folgende Rhythmus-Schema. Welche Schwungfiguren kommen der Reihe nach vor? Schreibe sie auf. Zeichne das Schema in umgekehrter Schwungrichtung und schreibe auch hier die Schwungfiguren-Bezeichnungen auf. Vergleiche mit der Lösung im Anhang!

Rhythmus-Schema 10 im Zweierwechsel:

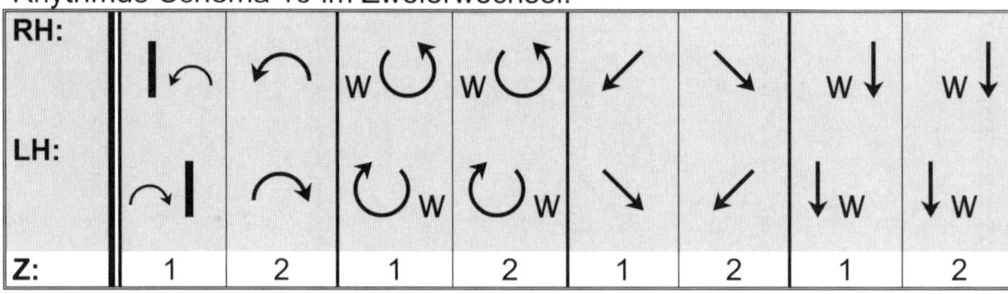

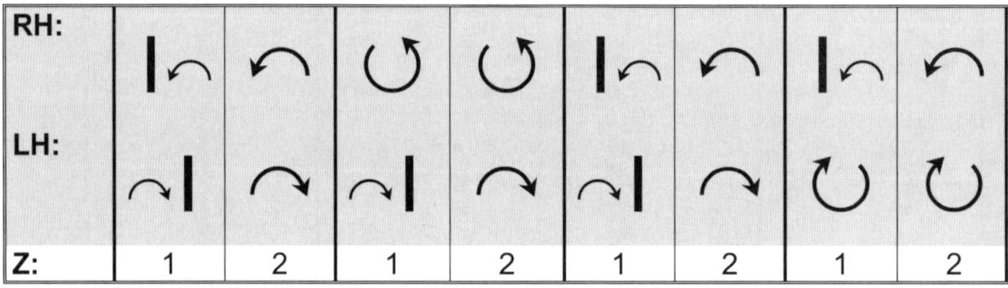

Schwinge dieses Rhythmus-Schema zunächst mit dem Poi der rechten Hand um eine halbe Umdrehung vorversetzt. Spiele anschließend das linke um eine halbe Umdrehung vorversetzt!

Zeichne deine eigenen Rhythmus-Schemata und spiele sie.

Neuer Kreisschwung

Kapitel 5: Der Helikopter

Abhebender Helikopter

Lernziel:
Gleichzeitiges, kreuzweise und paralleles Schwingen zweier Pois über dem Kopf.

Nimm ein Poi in die rechte Hand und schwinge das *rechte Blatt des abhebenden Helikopters.*

Rechtes Blatt des abhebenden Helikopters
Den horizontalen Kreisschwung führst du mit über dem Kopf angewinkeltem Arm aus. Deine Handinnenfläche zeigt nach links. Die Schwungrichtung nimmst du im Sichtfeld von rechts nach links vor. Die Kreise schwingst du direkt über dem Kopf.

Wenn du diesen Schwung gleichmäßig und formschön schwingst, wechsle das Poi in die linke Hand. Schwinge das *linke Blatt des abhebenden Helikopters.*

Linkes Blatt des abhebenden Helikopters
Den horizontalen Kreisschwung führst du mit über dem Kopf angewinkeltem Arm aus. Deine Handinnenfläche zeigt nach rechts. Die Schwungrichtung nimmst du im Sichtfeld von links nach rechts vor, und die Kreise schwingst du direkt über dem Kopf.

Beherrschst du den Schwung der linken Hand, so spiele beide Pois im Kreuzschwung parallel über dem Kopf. Als Hilfestellung lässt du die Pois aus der *aufgehenden Sonne* langsam in Richtung über den Kopf wandern. So bereitest du die Bewegungsabfolge über dem Kopf vor.

Abhebender Helikopter

Tipps für den *abhebenden Helikopter:*

- Dieser zweite Kreiskreuzschwung ist am Anfang nicht ganz einfach zu halten. Vermutlich schmerzen dir schon nach kurzer Zeit die Arme, so dass du sie nicht mehr oben halten kannst. Übe diesen Schwung immer ein wenig länger und lege viele kurze Pausen ein.
- Dieses Kapitel erklärt nur Schwünge über dem Kopf. Droht die Lust oder Kraft dich zu verlassen, so trainiere bekannte Schwungtechniken. Vergiss niemals: Das Einstudieren einzelner Schwünge soll dir Spaß machen und keine Sklavenarbeit sein.

Herzlichen Glückwunsch!
Deine ersten Flugversuche zeigen Erfolg. Weiter so! Der Blick in die Weite des Himmels hat mich immer wieder fasziniert, als ich den *Helikopter* einstudiert habe.

Flinkes rechtes Blatt im abhebenden Helikopter

Lernziel:
Kreuzweise und rechts um eine halbe Umdrehung vorversetztes Schwingen zweier Pois über dem Kopf.

Beginne mit dem *abhebenden Helikopter*. Beschleunige das rechte Poi in der Vorwärtsbewegung im Außenkreis ein wenig mehr, und nimm gleichzeitig vom linken etwas Schwung. Das rechte versetzt du um eine Vierteldrehung nach vorne, und das linke um eine Vierteldrehung nach hinten. Die beiden Pois rotieren um eine halbe Umdrehung versetzt. Du gibst den Schwung im Wechsel: Rechtes Handgelenk, linkes Handgelenk, rechtes Handgelenk, linkes Handgelenk. Versuche den Schwungrhythmus zu halten. Du spielst beide Pois aus den Handgelenken gegenläufig und nicht gleichförmig!
Falls dir der Wechsel nicht gelingen sollte, versuche diese Hilfestellung: Beginne zunächst mit dem *flinken rechten Strahl der aufgehenden Sonne* und lasse die beiden Pois langsam über deinen Kopf wandern. So bekommst du erst einmal ein Gefühl für diesen Schwung.

Flinkes rechtes Blatt im abhebenden Helikopter

Herzlichen Glückwunsch!
Jetzt kannst du schon auf zwei unterschiedliche Weisen starten. Der Traum vom Fliegen wird wahr.

Flinkes linkes Blatt im abhebenden Helikopter

Lernziel:
Kreuzweise und links um eine halbe Umdrehung vorversetztes Schwingen zweier Pois über dem Kopf.

Beginne wieder mit dem *abhebenden Helikopter*. Beschleunige das linke Poi in der Vorwärtsbewegung ein wenig mehr, und nimm gleichzeitig von der rechten Hand etwas Schwung weg. Das linke Poi versetzt du um eine Vierteldrehung nach vorne, und das rechte um eine Vierteldrehung nach hinten. Die Pois rotieren um eine halbe Umdrehung versetzt. Du gibst den Schwung im Wechsel: Linkes Handgelenk, rechtes Handgelenk, linkes Handgelenk, rechtes Handgelenk. Verwende den *flinken linken Strahl der aufgehenden Sonne* als Hilfestellung.

Herzlichen Glückwunsch!
Deine Starts werden fliesender. Ein tolles Gefühl, nicht wahr?

Übung V:

Lernziel:
Das rhythmische Schwingen des *abhebenden Helikopters* und des *rechts und links flinken Blattes im abhebenden Helikopter* im Wechsel.

V a:

Schwinge viermal den *abhebenden Helikopter*. Bei erneuten Einsetzen der „Eins" versetzt du das rechte Poi um eine halbe Umdrehung nach vorne, in das *flinke rechte Blatt im abhebenden Helikopter*. Auf der nächsten „Eins" verzögerst du den Schwung des rechten Poi und beschleunigst das linke. Beide Pois laufen wieder im *abhebenden Helikopter*.

Rhythmus-Schema V a im Viererwechsel:

RH:	←	←	←	←	←	←	←	←
					—	—	—	—
LH:	→	→	→	→	→	→	→	→
Z:	1	2	3	4	1 &	2 &	3 &	4 &

Schwinge den Dreier-, den Zweier- und den Vierer-Zweierwechsel!

V b:

Rhythmus-Schema V b im Viererwechsel:

RH:	↼	↼	↼	↼	↼	↼	↼	↼
LH:	⇀	⇀	⇀	⇀	⇀ —	⇀ —	⇀ —	⇀ —
Z:	1	2	3	4	1 &	2 &	3 &	4 &

Schwinge den Dreier-, den Zweier- und den Vierer-Zweierwechsel!

V c:

Rhythmus-Schema V c im Viererwechsel:

RH:	↼	↼	↼	↼	↼ —	↼ —	↼ —	↼ —
LH:	⇀	⇀	⇀	⇀	⇀	⇀	⇀	⇀
Z:	1	2	3	4	1 &	2 &	3 &	4 &

RH:	↼	↼	↼	↼	↼	↼	↼	↼
LH:	⇀	⇀	⇀	⇀	⇀ —	⇀ —	⇀ —	⇀ —
Z:	1	2	3	4	1 &	2 &	3 &	4 &

Schwinge den Dreier-, den Zweier- und den Vierer-Zweierwechsel!

Herzlichen Glückwunsch!
Deine Flugstunden sind vielleicht anstrengend und ermüdend, doch dafür baut sich deine Oberarm- und Rückenmuskulatur beständig auf. Bleibe am Poi und deine Beharrlichkeit wird sich lohnen!

Helikopterlandung

Lernziel:
Wie *abhebender Helikopter* – in entgegengesetzter Schwungrichtung.

Die *Helikopterlandung* unterscheidet sich vom *abhebenden Helikopter* lediglich durch die Schwungrichtung. Schwinge das rechte Poi im Sichtfeld von links nach rechts, das linke Poi von rechts nach links. Die Beschleunigung nimmst du in der Rückwärtsbewegung vor.

Wenn du auf ähnliche Schwierigkeiten wie beim *abhebenden Helikopter* stößt, benutze die *untergehende Sonne* als Hilfestellung.

Herzlichen Glückwunsch!
Jetzt hast du die beiden Basisschwünge über dem Kopf einstudiert. Du kannst Abheben und Landen. Das ist schön. Bald kannst du alle Flugtechniken.

Flinkes rechtes Blatt der Helikopterlandung

Lernziel:
Wie beim *schnellen rechten Blatt des abhebenden Helikopters* – in entgegengesetzter Schwungrichtung.

Beginne mit der *Helikopterlandung*. In der Rückwärtsbewegung beschleunigst du das rechte Poi um eine Viertelumdrehung und verzögerst das linke. Beide rotieren um eine halbe Umdrehung versetzt. Falls du bei diesem Schwung Schwierigkeiten hast, benutze als Hilfestellung den *flinken rechten Strahl der untergehenden Sonne,* und lasse die Pois langsam über deinen Kopf wandern.

Herzlichen Glückwunsch!
Du hast bestimmt bald genug vom Himmel und von schweren Oberarmen. Ich finde es toll, dass du dich so tapfer schlägst. Es war auch für mich nicht einfach. Ich kann deine Stimmung sehr gut nachempfinden. Gönne dir etwas Gutes.

Flinkes linkes Blatt der Helikopterlandung

Lernziel:
Wie beim *flinken linken Blatt des abhebenden Helikopters* – in entgegengesetzter Schwungrichtung.

Beginne mit der *Helikopterlandung*. In der Rückwärtsbewegung versetzt du das linke Poi um eine Viertelumdrehung vor, und das rechte zurück. Die beiden rotieren um eine halbe Umdrehung versetzt. Falls du bei diesem Schwung wieder Schwierigkeiten hast, benutze als Hilfestellung den *flinken linken Strahl der untergehenden Sonne,* und lasse die Pois langsam über deinen Kopf wandern.

Herzlichen Glückwunsch!
Du gleitest mit den Pois durch die Lüfte! Darauf kannst du wirklich stolz sein. Fliegen ist toll und ein erhebendes Gefühl. Fliegen zu lernen ist allerdings sehr schwer. Du hast es geschafft, super!

Übung VI:

Lernziel:
Das rhythmische Schwingen der *Helikopterlandung* und des *flinken rechten und linken Blattes in der Helikopterlandung* im Wechsel.

VI a:

Rhythmus-Schema VI a im Viererwechsel:

RH:	⇀	⇀	⇀	⇀	⇀ —	⇀ —	⇀ —	⇀ —
LH:	↽	↽	↽	↽	↽	↽	↽	↽
Z:	1	2	3	4	1 &	2 &	3 &	4 &

Schwinge den Dreier-, den Zweier- und den Vierer-Zweierwechsel!

VI b:

Rhythmus-Schema VI b im Viererwechsel:

RH:	⇀	⇀	⇀	⇀	⇀	⇀	⇀	⇀
LH:	↽	↽	↽	↽	↽ —	↽ —	↽ —	↽ —
Z:	1	2	3	4	1 &	2 &	3 &	4 &

Schwinge den Dreier-, den Zweier- und den Vierer-Zweierwechsel!

VI c:

Rhythmus-Schema VI c im Viererwechsel:

RH:	⇀	⇀	⇀	⇀	⇀ —	⇀ —	⇀ —	⇀ —
LH:	↽	↽	↽	↽	↽	↽	↽	↽
Z:	1	2	3	4	1 &	2 &	3 &	4 &

RH:	⇀	⇀	⇀	⇀	⇀	⇀	⇀	⇀
LH:	↽	↽	↽	↽	↽ —	↽ —	↽ —	↽ —
Z:	1	2	3	4	1 &	2 &	3 &	4 &

Schwinge den Dreier-, den Zweier- und den Vierer-Zweierwechsel!

Herzlichen Glückwunsch!
Die letzte Flugtaufe ist überstanden. Jetzt erhältst du den Poiflugschein. Nachdem du jede Landung ansetzen kannst, komme wieder auf den Boden.

Variationen

Drei Schwungvariationen für Kreisschwünge über dem Kopf.

- Strecke den angewinkelten Arm aus. Die Schwungbahn wandert nach oben.
- Du kannst die Größe der geschwungenen Kreise verändern, indem du einen oder beide ausgestreckte Arme mitkreisen lässt.
- Die Schwungbahnen der Kreise können links, rechts und vor den Kopf verlegt werden. Du kannst die Pois wandern lassen oder die Position der beiden Kreise im Kreuzschwung zueinander verändern.

Lernziel:
Wie bei Rhythmen II

Rhythmus-Schema 11:

Spiele nach folgendem Rhythmus-Schema. Welche Schwungfiguren kommen der Reihe nach vor? Schreibe sie auf. Zeichne das Schema in umgekehrter Schwungrichtung und schreibe auch hier die Schwungfiguren-Bezeichnungen auf. Vergleiche dein Ergebnis mit der Lösung im Anhang!

Rhythmus-Schema 11 im Viererwechsel:

RH:	↑	↑	↑	↑	w↑	w↑	w↑	w↑
LH:	↑	↑	↑	↑	↑w	↑w	↑w	↑w
Z:	1	2	3	4	1	2	3	4

RH:	←	←	←	←	← w	← w	← w	← w
LH:	→	→	→	→	→ w	→ w	→ w	→ w
Z:	1	2	3	4	1	2	3	4

Schwinge den Dreier- und den Zweierwechsel. Spiele die Figur zunächst mit dem rechten Poi um eine halbe Umdrehung vorversetzt, anschließend mit dem linken um eine halbe Umdrehung vorversetzt. Schwinge auch hier den Dreier- und den Zweierwechsel!

Rhythmus-Schema 12:

Spiele das folgende Rhythmus-Schema. Welche Schwungfiguren kommen der Reihe nach vor? Schreibe sie auf. Zeichne das Schema in umgekehrter Schwungrichtung und schreibe auch hier die Schwungfiguren-Bezeichnungen auf. Vergleiche mit der Lösung im Anhang.

Rhythmus-Schema 12 im Viererwechsel:

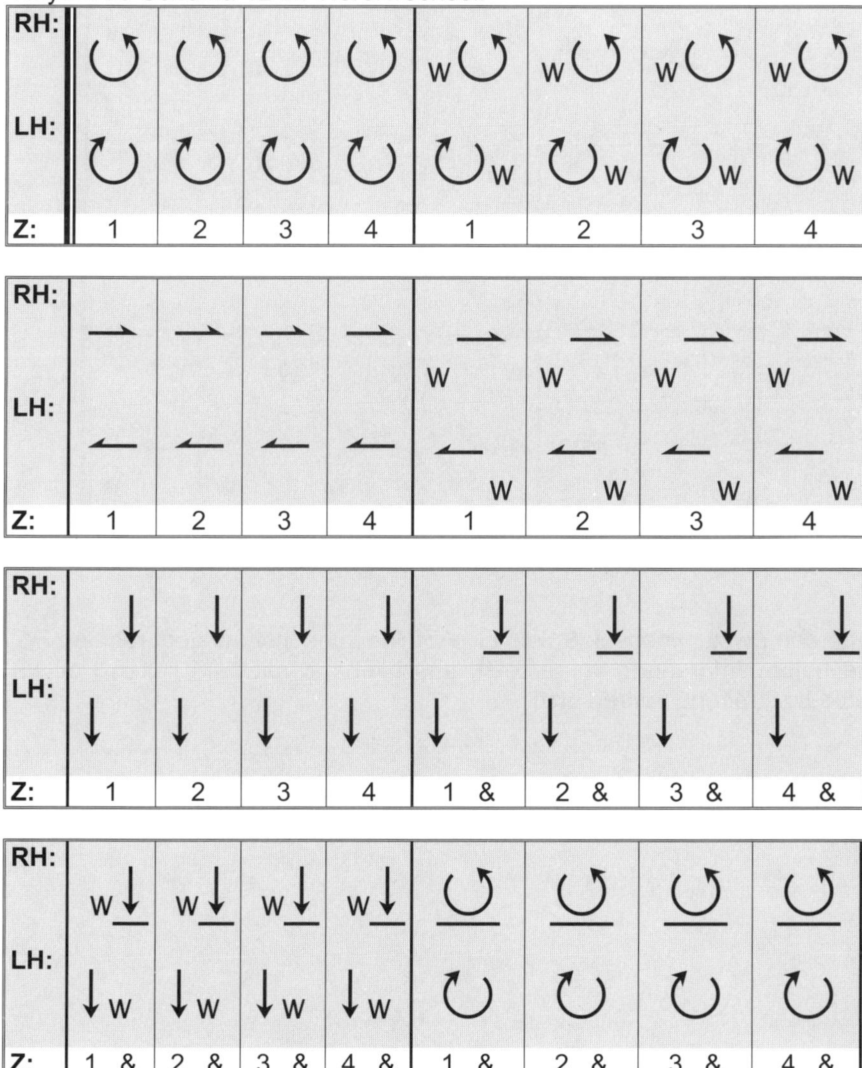

Schwinge den Dreier- und den Zweierwechsel!

Rhythmus-Schema 13:

Spiele nach folgendem Rhythmus-Schema. Welche Schwungfiguren kommen der Reihe nach vor? Schreibe sie auf. Zeichne das Schema in umgekehrter Schwungrichtung und schreibe auch hier die Schwungfiguren-Bezeichnungen auf. Vergleiche dein Ergebnis mit der Lösung im Anhang!

Rhythmus-Schema 13 im Viererwechsel:

RH:	↖	↗	↖	↗	w ↑	w ↑	w ↑	w ↑
LH:	↗	↖	↗	↖	↑ w	↑ w	↑ w	↑ w
Z:	1	2	3	4	1	2	3	4

RH:	←	←	←	←	← W	← W	← W	← W
LH:	→	→	→	→	→ W	→ W	→ W	→ W
Z:	1	2	3	4	1	2	3	4

Schwinge den Zweierwechsel. Spiele die Abfolge zunächst mit dem rechten Poi um eine halbe Umdrehung vorversetzt, anschließend mit dem linken Poi um eine halbe Umdrehung vorversetzt!

Rhythmus-Schema 14:

Spiele das folgende Rhythmus-Schema. Welche Schwungfiguren kommen der Reihe nach vor? Schreibe sie auf. Zeichne das Schema in umgekehrter Schwungrichtung und schreibe auch hier die Schwungfiguren-Bezeichnungen auf. Vergleiche mit der Lösung im Anhang!

Rhythmus-Schema 14 im Viererwechsel:

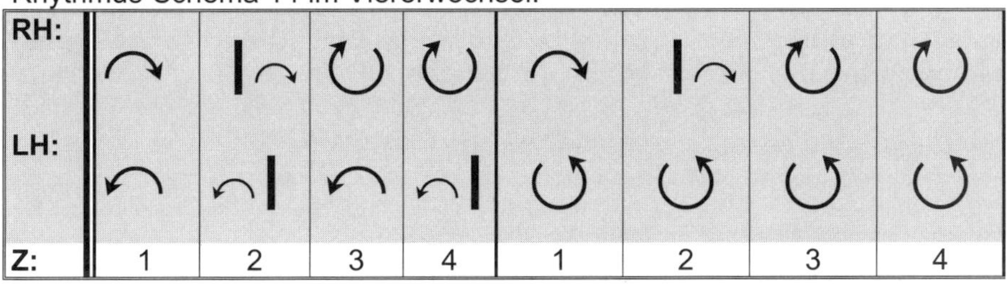

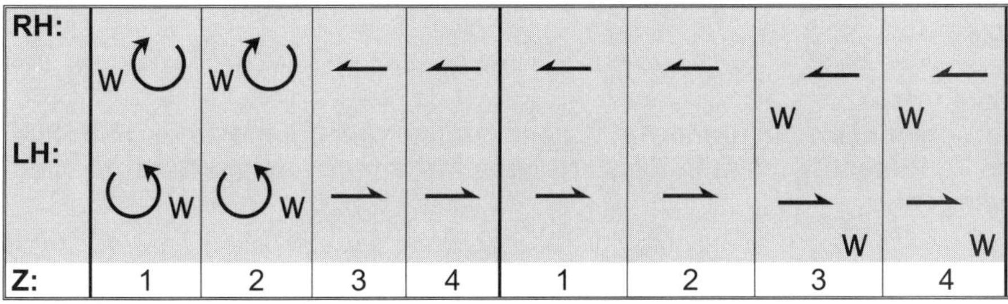

Spiele das Rhythmus-Schema zunächst mit dem rechten Poi um eine halbe Umdrehung vorversetzt, anschließend mit dem linken um eine halbe Umdrehung vorversetzt!

Herzlichen Glückwunsch!
Du kannst selbst Rhythmus-Schemata zusammenstellen. Deiner Phantasie sind dabei keine Grenzen gesetzt. So kannst du auf jedes Musikstück eine eigene Choreographie für eine Show entwickeln. Versuche es doch einmal. Es macht bestimmt viel Spaß.

Zauberschwünge mit zwei Händen

Kennzeichen der Zauberschwünge:

1. Durch einen zweihändigen Zauberschwung ändert sich immer die Schwungrichtung beider Pois.

2. Im Wechselschwung des Zauberschwungs lenkst du die Pois mit einer halben Umdrehung in eine neue Schwungbahn. Dies ist mit einer Achsendrehung der Schwungbahn verbunden.

3. Die Umlenkung erfolgt erst am jeweiligen Scheitelpunkt!

Kapitel 6: Vom Wagen zur Sonne und zurück

Ankunft

Lernziel:
In verschiedenen Rhythmen aus dem *zurück rollenden Wagen* mit Hilfe eines Zauberschwunges in die *untergehende Sonne* und wieder zurück zu schwingen.

Studiere zunächst den Zauberschwung der rechten Hand ein. Du schwingst drei Kreise des *rechten Rads im zurück rollenden Wagen*. Am unteren Scheitelpunkt, dem Anfang des vierten Kreises, lenkst du das Poi in der Aufwärtsbewegung nach links oben vor den Körper zum oberen Scheitelpunkt des *rechten Strahls der untergehenden Sonne*. Von hier schwingst du drei Kreise des *rechten Strahls der untergehenden Sonne*. Am unteren Scheitelpunkt, dem Anfang des vierten Kreises, steuerst du das Poi in der Aufwärtsbewegung zurück nach rechts oben neben den Körper zum oberen Scheitelpunkt des *rechten Rads im zurück rollenden Wagen*. Jetzt schwingst du wieder das *rechte Rad im zurück rollenden Wagen*. Achte auf die Schwungrichtung.

Rechte Hand der *Ankunft* im Viererwechsel:

RH:	↑	↑	↑	↖	↻	↻	↻	↗
Z:	1	2	3	4	1	2	3	4

Übe jetzt den Zauberschwung der linken Hand ein. Du schwingst drei Kreise des *linken Rads im zurück rollenden Wagen*. Am unteren Scheitelpunkt des vierten Kreises lenkst du das Poi in der Aufwärtsbewegung nach rechts oben vor den Körper zum oberen Scheitelpunkt des *linken Strahls der untergehenden Sonne*. Von hier schwingst du drei Kreise des *linken Strahls der untergehenden Sonne*. Am unteren Scheitelpunkt des vierten Kreises steuerst du das Poi in der Aufwärtsbewegung nach links oben neben den Körper, zurück zum oberen Scheitelpunkt des *linken Rads im zurück rollenden Wagen*. Jetzt schwingst du wieder das *linke Rad im zurück rollenden Wagen*.

Linke Hand der *Ankunft* im Viererwechsel:

LH:	↑	↑	↑	↗	↻	↻	↻	↖
Z:	1	2	3	4	1	2	3	4

Führe beide Zauberschwünge zur *Ankunft* zusammen:

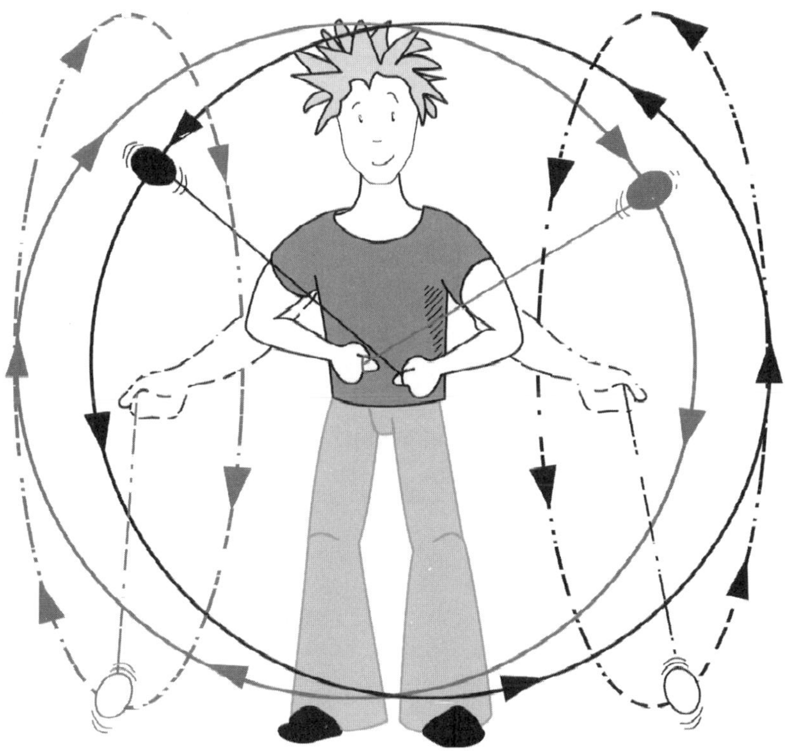

Ankunft

Rhythmus-Schema *Ankunft* im Viererwechsel:

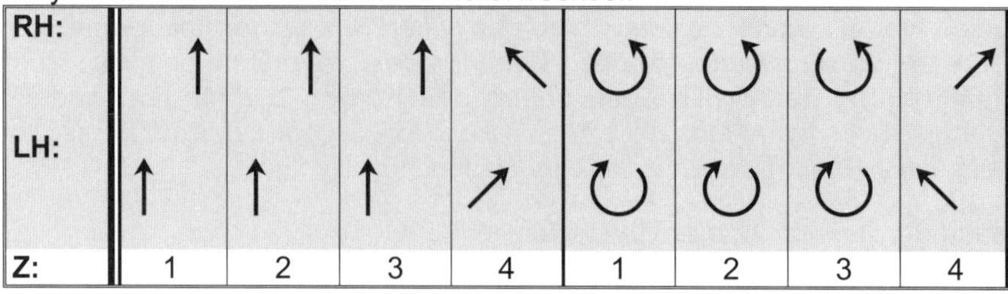

Rhythmus-Schema der *Ankunft* im Dreierwechsel:

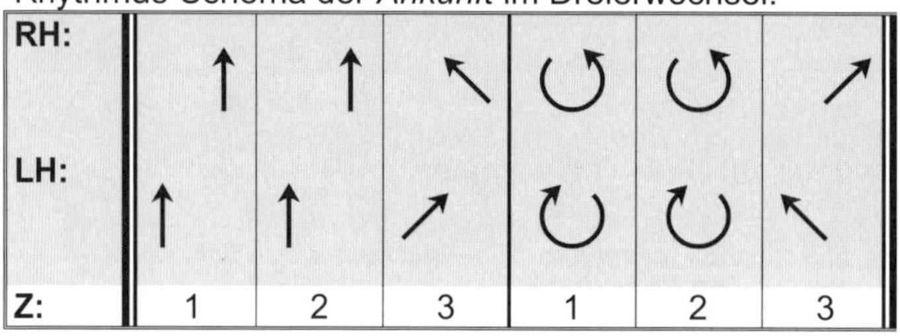

Rhythmus-Schema der *Ankunft* im Zweierwechsel:

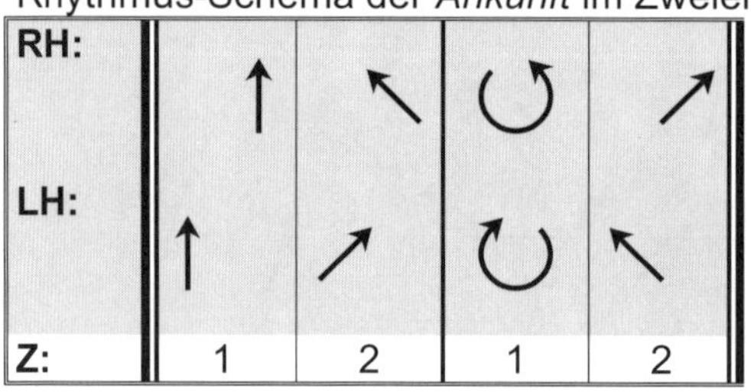

Tipps für die *Ankunft:*

- Schwinge den Zauberschwung zunächst langsam und achte genau auf den Zeitpunkt der Umlenkung.
- Es ist wichtig die Pois stets parallel zu schwingen.

Wichtig:

Übe die beiden Basisschwünge, der Zauberschwünge! Erst wenn du dir ganz sicher bist, dass du die Basisschwünge korrekt schwingst, wage dich an den Zauberschwung!

Herzlichen Glückwunsch!
Deine erste *Ankunft* war vielleicht nicht ganz einfach, und du bist nicht immer herzlich begrüßt worden. Doch jetzt können sich alle mit dir freuen, denn du bist ein Zauberlehrling.

Flinke rechte Ankunft

Lernziel:
In verschiedenen Rhythmen aus dem *flinken rechten Rad im zurück rollenden Wagen* mit Hilfe eines Zauberschwunges in den *flinken rechten Strahl der untergehenden Sonne* und wieder zurück zu schwingen.

Vollziehe die *flinke rechte Ankunft* in gleicher Weise wie die *Ankunft*. Mit dem Unterschied, dass du den jeweiligen Zauberschwung der rechten Hand um eine halbe Umdrehung früher als den der linken ausführst. Das Timing ist sehr wichtig!

Rhythmus-Schema der *flinken rechten Ankunft* im Viererwechsel:

RH:	↑	↑	↑	↖	↺	↺	↺	↗
LH:	↑	↑	↑	↗	↻	↻	↻	↖
Z:	1 &	2 &	3 &	4 &	1 &	2 &	3 &	4 &

Schwinge den Dreier- und den Zweierwechsel!

Tipps für *die flinke rechte Ankunft:*

- Es ist wichtig, dass du die Pois stets um eine halbe Umdrehung versetzt zueinander schwingst. Du kannst dies besonders gut im *flinken rechten Strahl der untergehenden Sonne* oder bei der Schwungvorgabe kontrollieren: Rechtes Handgelenk, linkes Handgelenk, rechtes Handgelenk, linkes Handgelenk.
- Konzentriere dich besonders darauf, dass du stets mit der rechten Hand zuerst umlenkst.
- Achte ganz besonders auf den Zeitpunkt der Umlenkung. Du spielst immer bis zum jeweiligen Scheitelpunkt und lenkst erst dann um! Das gilt für alle Zauberschwünge.

Herzlichen Glückwunsch!
Du kennst nun schon zwei verschiedene Formen der Begrüßung. Bestimmt bist du schon auf die nächste gespannt. Hier ist sie.

Flinke linke Ankunft

Lernziel:
In verschiedenen Rhythmen aus dem *flinken linken Rad im zurück rollenden Wagen* mit Hilfe eines Zauberschwunges in *den flinken linken Strahl der untergehenden Sonne* und wieder zurück zu schwingen.

Führe die *flinke linke Ankunft* in gleicher Weise wie die *Ankunft* aus. Mit dem Unterschied, dass du den jeweiligen Zauberschwung der linken Hand um eine halbe Umdrehung früher als den der rechten Hand ausführst. Das Timing ist sehr wichtig!

Rhythmus-Schema *der flinken linken Ankunft* im Viererwechsel:

RH:	↑	↑	↑	↖	↺	↺	↺	↗
LH:	↑	↑	↑	↗	↻	↻	↻	↖
Z:	1 &	2 &	3 &	4 &	1 &	2 &	3 &	4 &

Schwinge den Dreierwechsel und den Zweierwechsel!

Tipps für die *flinke linke Ankunft:*

- Es ist wichtig, dass du die Pois stets um eine halbe Umdrehung versetzt zueinander schwingst. Du kannst dies besonders gut in dem *flinken linken Strahl der untergehenden Sonne* oder bei der Schwungvorgabe kontrollieren: Linkes Handgelenk, rechtes Handgelenk, linkes Handgelenk, rechtes Handgelenk.
- Konzentriere dich besonders darauf, dass du stets mit der linken Hand zuerst umlenkst.

Herzlichen Glückwunsch!
Du bist Meisterin oder Meister der *Ankunft*. Du kannst mit diesen Figuren spielen und sie mit den bisher gelernten Schwüngen kombinieren.

Abschied

Lernziel:
In verschiedenen Rhythmen aus dem *voran rollenden Wagen* mit Hilfe eines Zauberschwunges in *die aufgehende Sonne* und wieder zurück zu schwingen.

Übe den Zauberschwung der rechten Hand. Schwinge drei Kreise des *rechten Rads im voran rollenden Wagen*. Am oberen Scheitelpunkt des vierten Kreises lenkst du das Poi in der Abwärtsbewegung nach links unten vor den Körper. Das ist der untere Scheitelpunkt des *rechten Strahls der aufgehenden Sonne*. Von hier schwingst du drei Kreise des *rechten Strahls der aufgehenden Sonne*. Am oberen Scheitelpunkt des vierten Kreises führst du das Poi in der Abwärtsbewegung nach rechts unten neben den Körper. Du bist am unteren Scheitelpunkt des *rechten Rads im voran rollenden Wagen* angelangt. Jetzt schwingst du wieder das *rechte Rad im voran rollenden Wagen*. Achte auf die Schwungrichtung.

Rechte Hand des *Abschieds* im Viererwechsel:

RH:	↓	↓	↓	↙	↻	↻	↻	↘
Z:	1	2	3	4	1	2	3	4

Lerne jetzt den Zauberschwung der linken Hand. Du schwingst drei Kreise des *linken Rads im voran rollenden Wagen*. Am oberen Scheitelpunkt des vierten Kreises lenkst du das Poi in der Abwärtsbewegung nach rechts unten vor den Körper. Jetzt bist du am unteren Scheitelpunkt des *linken Strahls der aufgehenden Sonne*. Von hier schwingst du drei Kreise des *rechten Strahls der aufgehenden Sonne*. Am oberen Scheitelpunkt des vierten Kreises steuerst du das Poi in der Abwärtsbewegung nach links unten neben dem Körper. Hier befindet sich der untere Scheitelpunkt des *linken Rads im voran rollenden Wagen*. Jetzt schwingst du wieder das *linke Rad im voran rollenden Wagen*.

Linke Hand des *Abschieds* im Viererwechsel:

LH:	↓	↓	↓	↘	↺	↺	↺	↙
Z:	1	2	3	4	1	2	3	4

Kombiniere beide Zauberschwünge zum *Abschied*:

Rhythmus-Schema des *Abschieds* im Viererwechsel:

RH:	↓	↓	↓	↙	↻	↻	↻	↘
LH:	↓	↓	↓	↘	↺	↺	↺	↙
Z:	1	2	3	4	1	2	3	4

Schwinge den Dreier- und Zweierwechsel!

Herzlichen Glückwunsch!
Abschied nehmen ist nicht immer leicht, und *Abschied* schwingen noch weniger. Du hast einen Anfang gemacht und darfst auf dich stolz sein.

Flinker rechter Abschied

Lernziel:
In verschiedenen Rhythmen aus dem *flinken rechten Rad im voran rollenden Wagen* mit Hilfe eines Zauberschwunges in den *flinken rechten Strahl der aufgehenden Sonne* und wieder zurück zu schwingen.

Spiele den *flinken rechten Abschied* in gleicher Weise wie den *Abschied*. Mit dem Unterschied, dass du den jeweiligen Zauberschwung der rechten Hand um eine halbe Umdrehung früher als den der linken ausführst.

Rhythmus-Schema des *flinken rechten Abschieds* im Viererwechsel:

RH:	↓	↓	↓	↙	↻	↻	↻	↘
LH:	↓	↓	↓	↘	↺	↺	↺	↙
Z:	1 &	2 &	3 &	4 &	1 &	2 &	3 &	4 &

Schwinge den Dreier- und Zweierwechsel!

Tipps für den *flinken rechten Abschied:*

- Es ist wichtig, dass du die Pois stets um eine halbe Umdrehung versetzt zueinander schwingst. Du kannst dies besonders gut im *flinken rechten Strahl der aufgehenden Sonne* oder bei der Schwungvorgabe kontrollieren: Rechtes Handgelenk, linkes Handgelenk, rechtes Handgelenk, linkes Handgelenk.
- Konzentriere dich besonders darauf, dass du stets mit der rechten Hand zuerst umlenkst.

Herzlichen Glückwunsch!
Die Begrüßungsformen der Poi-Welt kennst du nun fast vollständig. Ist das nicht bezaubernd?

Flinker linker Abschied

Lernziel:
In verschiedenen Rhythmen aus dem *flinken linken Rad im voran rollenden Wagen* mit Hilfe eines Zauberschwunges in den *flinken linken Strahl der aufgehenden Sonne* und wieder zurück zu schwingen.

Schwinge den *flinken linken Abschied* in gleicher Weise wie den *Abschied.* Den jeweiligen Zauberschwung der linken Hand spielst du um eine halbe Umdrehung früher als den der rechten. Schwungvorgabe: Linkes Handgelenk, rechtes Handgelenk, linkes Handgelenk, rechtes Handgelenk.

Rhythmus-Schema des *flinken linken Abschieds* im Viererwechsel:

RH:	↓	↓	↓	↙	↻	↻	↻	↘
LH:	↓	↓	↓	↘	↺	↺	↺	↙
Z:	1 &	2 &	3 &	4 &	1 &	2 &	3 &	4 &

Schwinge den Dreier- und Zweierwechsel!

Herzlichen Glückwunsch!
Den ersten Zauber beherrschst du nun in allen seinen Variationen. *Ankunft* und *Abschied* können bezaubernd, aber auch schmerzhaft sein. Ich denke, du hast beides erlebt. Selbst beim Poi-Schwingen ist der Weg das Ziel. Du bist nun dieser Künste mächtig.

Kapitel 7: Vom Wagen zum Helikopter und zurück

Die *Helikopter*-Zauberschwünge sind sehr anstrengend. Du wirst vermutlich nicht sehr lange ohne Muskelschmerzen üben können. Deshalb studiere *Helikopter*-Schwünge langsam ein, und übe immer wieder an ihnen.

Schwungtechnik der zweihändigen Zauberschwünge:

Damit dir die zweihändigen Zauberschwünge gelingen, und du dir keine blutige Nase einhandelst, solltest du folgendes beachten:

1. Nimm vor dem Umlenken viel vom Schwung beider Pois weg. Dann kannst du sie einfach in die gewünschte neue Schwungbahn steuern.

2. Nach dem Richtungswechsel beschleunigst du. So gleichst du die Verzögerung wieder aus, stabilisierst die neue Schwungbahn, und schwingst wieder im Rhythmus!

3. Das Timing ist beim Zauberschwung entscheidend!

4. Vergrößere den Abstand zwischen beiden Händen vor dem Umlenken. Danach führst du sie wieder zusammen. Dies dient ebenfalls der neuen Richtungsvorgabe und Stabilisierung der neuen Schwungbahn!

5. Für die Zauberschwünge solltest du die Arme in ausgestreckter Position halten. Das erleichtert dir das Umlenken!

Landung

Lernziel:
In verschiedenen Rhythmen aus dem *zurück rollenden Wagen*, mit Hilfe eines Zauberschwunges in die *Helikopterlandung* und wieder zurück zu schwingen.

Du schwingst drei Kreise des *rechten Rads im zurück rollenden Wagen*. Am vorderen Scheitelpunkt des vierten Kreises lenkst du das Poi in der Aufwärtsbewegung nach links hinten oben, in die horizontale Schwungbahn über dem Kopf. Das ist der hintere Scheitelpunkt des *rechten Blattes der Helikopterlandung*. Von hier schwingst du drei Kreise des *rechten Blattes der Helikopterlandung*. Am vorderen Scheitelpunkt des vierten Kreises steuerst du das Poi in einer Abwärtsbewegung zurück nach rechts hinten unten, in die vertikale Schwungbahn. Das ist der hintere Scheitelpunkt des *rechten Rads im zurück rollenden Wagen*. Jetzt schwingst du wieder das *rechte Rad im zurück rollenden Wagen*.

Rechte Hand der *Landung* im Viererwechsel:

RH:	↑	↑	↑	↖	→	→	→	↘
Z:	1	2	3	4	1	2	3	4

Übe jetzt den Zauberschwung der linken Hand. Du schwingst drei Kreise des *linken Rades im zurück rollenden Wagen*. Am vorderen Scheitelpunkt des vierten Kreises lenkst du das Poi in der Aufwärtsbewegung nach rechts hinten oben, in die horizontale Schwungbahn. Das ist der hintere Scheitelpunkt des *linken Blattes der Helikopterlandung*. Von hier schwingst du drei Kreise *des linken Blattes der Helikopterlandung*. Am vorderen Scheitelpunkt des vierten Kreises steuerst du das Poi zurück nach links hinten unten in die vertikale Schwungbahn zum hinteren Scheitelpunkt des *linken Rads im zurück rollenden Wagen*. Jetzt schwingst du wieder das *linke Rad im zurück rollenden Wagen*.

Linke Hand der *Landung* im Viererwechsel:

LH:	↑	↑	↑	↗	←	←	←	↙
Z:	1	2	3	4	1	2	3	4

Kombiniere beide Zauberschwünge zur *Landung*:

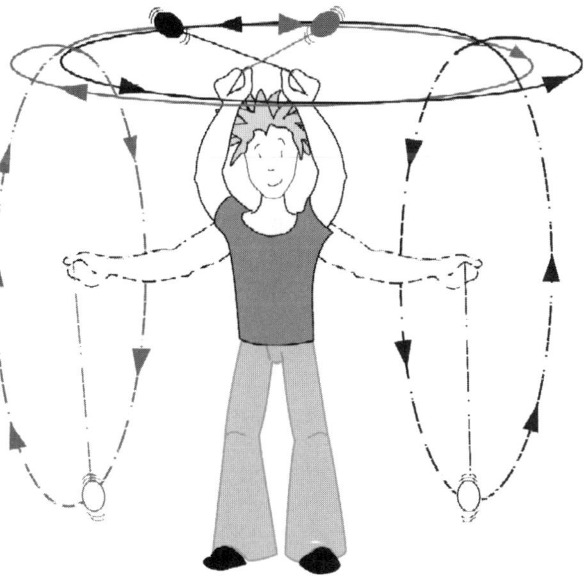

Landung

Rhythmus-Schema der *Landung* im Viererwechsel:

RH:	↑	↑	↑	↖	→	→	→	↘
LH:	↑	↑	↑	↗	←	←	←	↙
Z:	1	2	3	4	1	2	3	4

Du schwingst den Zauberschwung bereits auf der „Drei".

Rhythmus-Schema der *Landung* im Dreierwechsel:

RH:	↑	↑	↖	→	→	↘
LH:	↑	↑	↗	←	←	↙
Z:	1	2	3	1	2	3

Du schwingst den Zauberschwung bereits auf der „Zwei".

Rhythmus-Schema der *Landung* im Zweierwechsel:

RH:	↑	↖	→	↘
LH:	↑	↗	←	↙
Z:	1	2	1	2

Tipps für die *Landung:*

- Schwinge die *Landung* zunächst langsam und achte genau auf den Zeitpunkt der Umlenkung.
- Es ist wichtig die Pois stets parallel zu schwingen.
- Falls du Schwierigkeiten haben solltest die Pois längere Zeit über dem Kopf zu spielen, verwende folgende Hilfs-Rhythmus-Schemata:

Hilfs-Rhythmus-Schema 1 zur *Landung* im Viererwechsel:

RH:	↑	↑	↑	↖	↻	↻	↻	↻
LH:	↑	↑	↑	↗	↺	↺	↺	↺
Z:	1	2	3	4	1	2	3	4

RH:	w↻	w↻	w↻	w↻	→	→	→	↘
LH:	↺w	↺w	↺w	↺w	←	←	←	↙
Z:	1	2	3	4	1	2	3	4

Hilfs-Rhythmus-Schema 2 zur *Landung* im Viererwechsel:

RH:	↑	↑	↑	↖	↻	↻	↻	↗
LH:	↑	↑	↑	↗	↺	↺	↺	↖
Z:	1	2	3	4	1	2	3	4

RH:	↑	↑	↑	↖	→	→	→	↘
LH:	↑	↑	↑	↗	←	←	←	↙
Z:	1	2	3	4	1	2	3	4

Schwinge den Dreier- und Zweierwechsel im Hilfs-Rhythmus-Schema!

Herzlichen Glückwunsch!
Jetzt kannst du weich landen. Das ist schön. Ich wünsche dir den Applaus des Publikums. Meinen hast du!

Flinke rechte Landung

Lernziel:
In verschiedenen Rhythmen aus dem *flinken rechten Rad im zurück rollenden Wagen* mit Hilfe eines Zauberschwunges in *das flinke rechte Blatt der Helikopterlandung* und wieder zurück zu schwingen.

Spiele die *flinke rechte Landung* wie die *Landung*. Allerdings spielst du den jeweiligen Zauberschwung der rechten Hand eine halbe Umdrehung früher als den der linken.

Rhythmus-Schema *der flinken rechten Landung* im Viererwechsel:

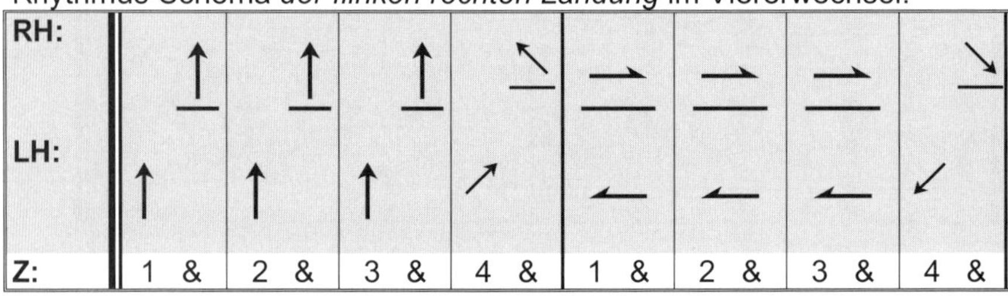

Schwinge den Dreier- und den Zweierwechsel!

Tipps für die *flinke rechte Landung:*

- Konzentriere dich darauf, stets mit der rechten Hand zuerst umzulenken.
- Falls du Schwierigkeiten haben solltest die Pois längere Zeit über dem Kopf zu spielen, verwende folgende Hilfs-Rhythmus-Schemata:

Hilfs-Rhythmus-Schema 1 zur *flinken rechten Landung* im Viererwechsel:

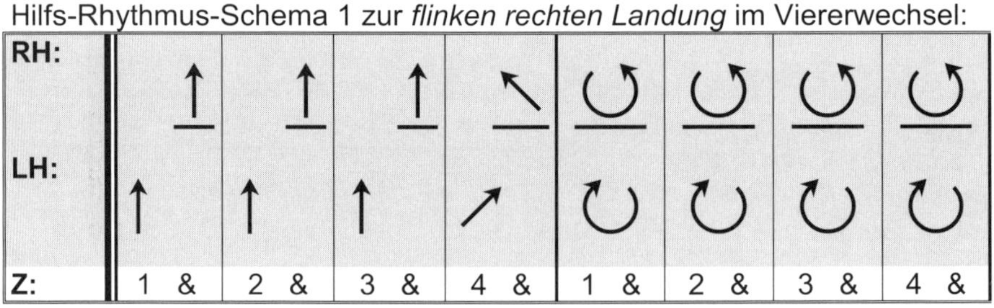

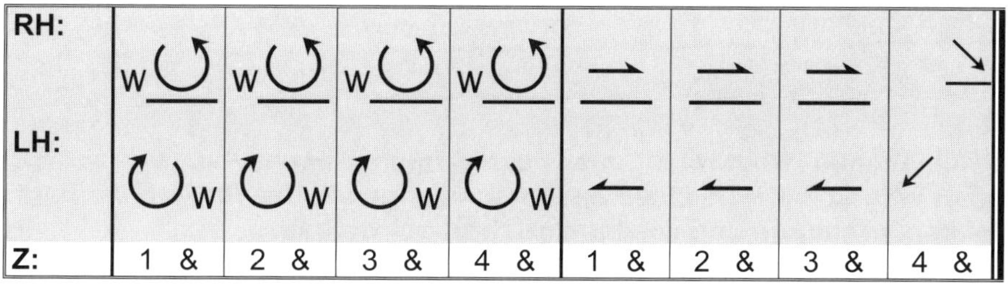

Hilfs-Rhythmus-Schema 2 zur *flinken rechten Landung* im Viererwechsel:

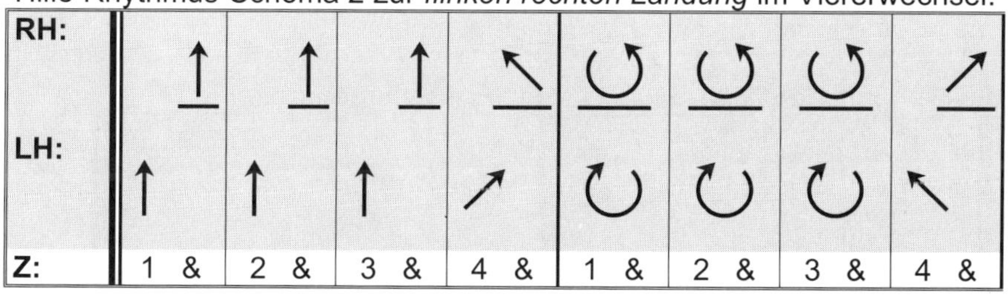

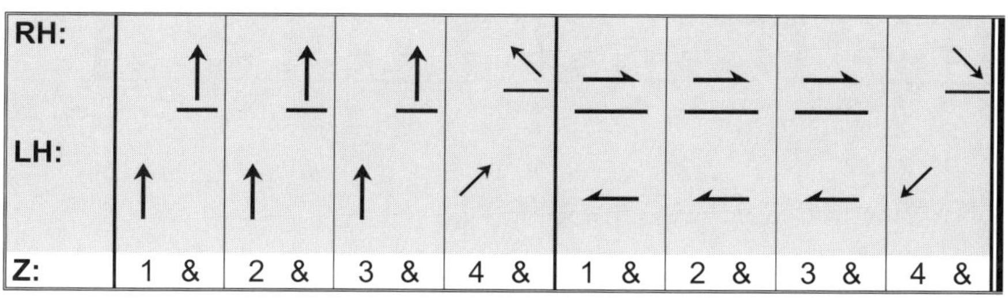

Schwinge den Dreier- und Zweierwechsel im Hilfs-Rhythmus-Schema!

Herzlichen Glückwunsch!
Diese *Landung* erfordert schon einiges an Geschick. Doch du hast dich tapfer geschlagen und es schließlich geschafft. Du bist auf dem besten Weg die Poi-Zaubereien zu beherrschen.

Flinke linke Landung

Lernziel:
In verschiedenen Rhythmen aus dem *flinken linken Rad im zurück rollenden Wagen* mit Hilfe eines Zauberschwunges in das *flinke linke Blatt der Helikopterlandung* und wieder zurück zu schwingen.

Schwinge die *flinke linke Landung* in gleicher Weise wie die *Landung*. Mit dem Unterschied, dass du den jeweiligen Zauberschwung der linken Hand um eine halbe Umdrehung früher als den der rechten ausführst.

Rhythmus-Schema der *flinken linken Landung* im Viererwechsel:

RH:	↑	↑	↑	↖	→	→	→	↘
LH:	↑	↑	↑	↗	←	←	←	↙
Z:	1 &	2 &	3 &	4 &	1 &	2 &	3 &	4 &

Schwinge den Dreier- und den Zweierwechsel!

Tipps für die *flinke linke Landung:*

- Konzentriere dich besonders darauf, dass du stets mit der linken Hand zuerst umlenkst.
- Falls du Schwierigkeiten haben solltest die Pois längere Zeit über dem Kopf zu spielen, verwende folgende Hilfs-Rhythmus-Schemata:

Hilfs-Rhythmus-Schema 1 zur *flinken linken Landung* im Viererwechsel:

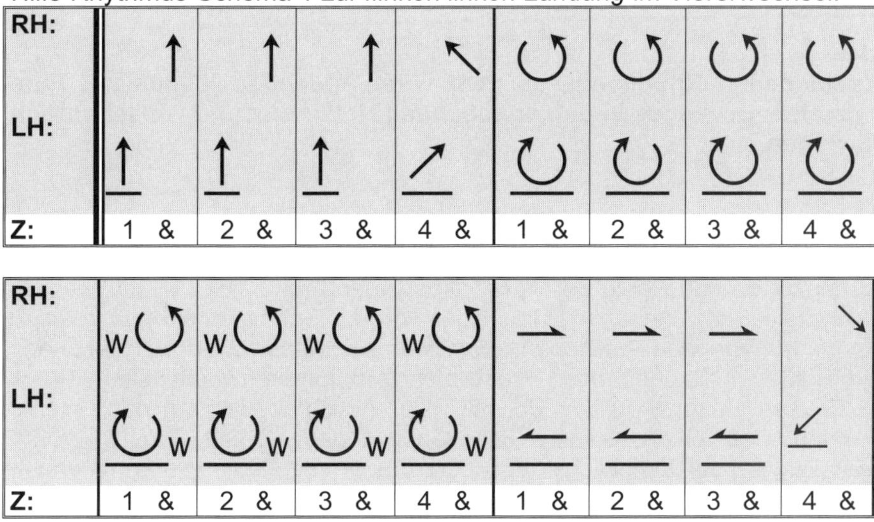

Hilfs-Rhythmus-Schema 2 zur *flinken linken Landung* im Viererwechsel:

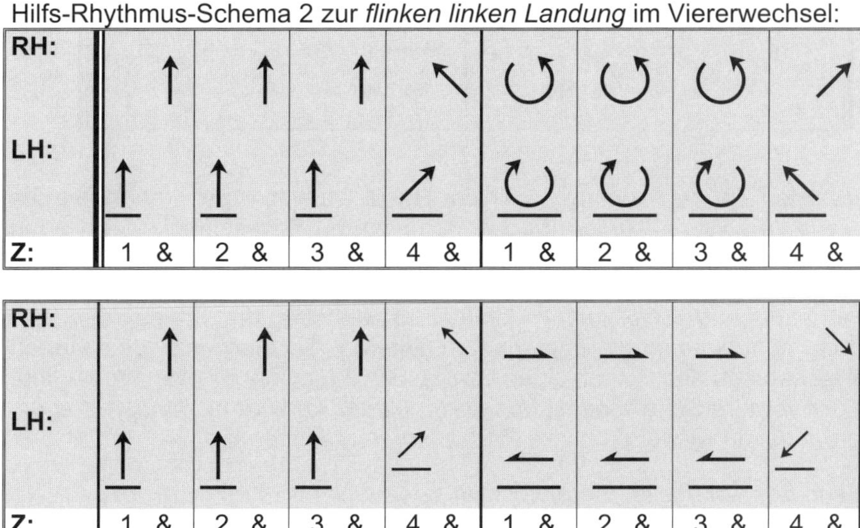

Schwinge den Dreier- und Zweierwechsel der Hilfs-Rhythmus-Schemata!

Herzlichen Glückwunsch!
Jetzt kannst du aus jeder Situation sicher landen. Du weißt dass es dir gelingt. Versuche nun den *Abflug*.

Lernziel:
In verschiedenen Rhythmen aus dem *voran rollenden Wagen* mit Hilfe eines Zauberschwunges in den *abhebenden Helikopter* und wieder zurück zu schwingen.

Übe den Zauberschwung der rechten Hand. Du schwingst drei Kreise des *rechten Rads im voran rollenden Wagen*. Am hinteren Scheitelpunkt des vierten Kreises lenkst du das Poi in der Aufwärtsbewegung nach links vorne oben, in die horizontale Schwungbahn. Das ist der vordere Scheitelpunkt des *rechten Blattes im abhebenden Helikopter*. Von hier schwingst du drei Kreise des *rechten Blattes im abhebenden Helikopter*. Am hinteren Scheitelpunkt des vierten Kreises steuerst du das Poi mit einer Abwärtsbewegung nach rechts vorne unten. Das ist der vordere Scheitelpunkt des *rechten Rads im voran rollenden Wagen*. Jetzt schwingst du wieder das *rechte Rad im voran rollenden Wagen*.

Rechte Hand des *Abflugs* im Vichererwechsel:

RH:	↓	↓	↓	↖	←	←	←	↘
Z:	1	2	3	4	1	2	3	4

Lerne jetzt den Zauberschwung der linken Hand. Du schwingst drei Kreise des *linken Rads im voran rollenden Wagen*. Am hinteren Scheitelpunkt des vierten Kreises lenkst du das Poi in der Aufwärtsbewegung nach rechts vorne oben, in die horizontale Schwungbahn. Hier ist der vordere Scheitelpunkt des *linken Blattes im abhebenden Helikopter*. Von hier schwingst du drei Kreise des *linken Blattes im abhebenden Helikopter*. Am hinteren Scheitelpunkt des vierten Kreises steuerst du das Poi mit einer Abwärtsbewegung nach links vorne unten. Das ist der vordere Scheitelpunkt *des linken Rades im voran rollenden Wagen*. Jetzt schwingst du wieder das *linke Rad im voran rollenden Wagen*.

Linke Hand des *Abflugs* im Viererwechsel:

LH:	↓	↓	↓	↗	→	→	→	↙
Z:	1	2	3	4	1	2	3	4

Kombiniere beide Zauberschwünge zum *Abflug*:

Rhythmus-Schema des *Abflugs* im Viererwechsel:

RH:	↓	↓	↓	↖	←	←	←	↘
LH:	↓	↓	↓	↗	→	→	→	↙
Z:	1	2	3	4	1	2	3	4

Schwinge den Dreier- und den Zweierwechsel!

Tipps für den *Abflug:*

- Schwinge den *Abflug* zunächst langsam und achte genau auf den Zeitpunkt der Umlenkung.
- Es ist wichtig die Pois stets parallel zu schwingen.
- Falls du Schwierigkeiten haben solltest die Pois längere Zeit über dem Kopf zu spielen, verwende folgende Hilfs-Rhythmus-Schemata:

Hilfs-Rhythmus-Schema 1 zum *Abflug* im Viererwechsel:

RH:	↓	↓	↓	↙	↻	↻	↻	↻
LH:	↓	↓	↓	↘	↺	↺	↺	↺
Z:	1	2	3	4	1	2	3	4

RH:	w↻	w↻	w↻	w↻	←	←	←	↘
LH:	↺w	↺w	↺w	↺w	→	→	→	↙
Z:	1	2	3	4	1	2	3	4

Hilfs-Rhythmus-Schema 2 zum *Abflug* im Viererwechsel:

RH:	↓	↓	↓	↙	↻	↻	↻	↘
LH:	↓	↓	↓	↘	↺	↺	↺	↙
Z:	1	2	3	4	1	2	3	4

RH:	↓	↓	↓	↖	←	←	←	↘
LH:	↓	↓	↓	↗	→	→	→	↙
Z:	1	2	3	4	1	2	3	4

Schwinge den Dreier- und den Zweierwechsel der Hilfs-Rhythmus-Schemata!

Herzlichen Glückwunsch!
Deine *Abflüge* zeigen erste Erfolge. Ich weiß, es ist anstrengend. Doch es ist noch keine Poi-Künstlerin und auch kein Poi-Künstler vom Himmel gefallen. Erst mussten sie das *Abfliegen* lernen.

Flinker rechter Abflug

Lernziel:
In verschiedenen Rhythmen aus dem *flinken rechten Rad im voran rollenden Wagen* mit Hilfe eines Zauberschwunges in das *flinke rechte Blatt im abhebenden Helikopter* und wieder zurück zu schwingen.

Schwinge den *flinken rechten Abflug* in gleicher Weise wie den *Abflug*. Der Zauberschwung der rechten Hand setzt eine halbe Umdrehung früher ein.

Rhythmus-Schema *des flinken rechten Abflugs* im Viererwechsel:

RH:	↓	↓	↓	↖	←	←	←	↘
LH:	↓	↓	↓	↗	→	→	→	↙
Z:	1 &	2 &	3 &	4 &	1 &	2 &	3 &	4 &

Schwinge den Dreier- und den Zweierwechsel!

Tipps für den *flinken rechten Abflug:*

- Konzentriere dich besonders darauf, dass du stets mit der rechten Hand zuerst umlenkst.
- Falls du Schwierigkeiten haben solltest die Pois längere Zeit über dem Kopf zu spielen, verwende die Hilfs-Rhythmus-Schemata des *Abflugs,* allerdings rechts vorversetzt.

Herzlichen Glückwunsch!
Ich weiß, es ist nicht einfach aus dem Stand abzuheben. Doch du bist echt gut! Bleibe dran und vergiss nicht: Die Pois sind fliegende Kugeln und suchen eben manchmal eigenwillig ihre Flugbahn.

Flinker linker Abflug

Lernziel:
In verschiedenen Rhythmen aus dem *flinken linken Rad im voran rollenden Wagen* mit Hilfe eines Zauberschwunges in das *flinke linke Blatt im abhebenden Helikopter* und wieder zurück zu schwingen.

Vollziehe den *flinken linken Abflug* in gleicher Weise wie den *Abflug*. Mit dem Unterschied, dass du den jeweiligen Zauberschwung der linken Hand um eine halbe Umdrehung früher als den der rechten ausführst.

Rhythmus-Schema *des flinken linken Abflugs* im Viererwechsel:

RH:	↓	↓	↓	↖	←	←	←	↘
LH:	↓	↓	↓	↗	→	→	→	↙
Z:	1 &	2 &	3 &	4 &	1 &	2 &	3 &	4 &

Schwinge den Dreier- und den Zweierwechsel!

Tipps für den *flinken linken Abflug:*

- Konzentriere dich besonders darauf, dass du stets mit der linken Hand zuerst umlenkst.
- Falls du Schwierigkeiten haben solltest die Pois längere Zeit über dem Kopf zu spielen, verwende die Hilfs-Rhythmus-Schemata des *Abflugs,* allerdings links vorversetzt.

Herzlichen Glückwunsch!
Die Zauberei des *Abfliegens* und *Landens* hast du dir erschwungen! Wende dich nun dem letzten Kapitel dieses Buches zu und fliege damit in die Freiheit.

Kapitel 8: Von der Sonne zum Helikopter und zurück

Morgenlandung

Lernziel:
In verschiedenen Rhythmen aus der *aufgehenden Sonne*, mit Hilfe eines Zauberschwunges in die *Helikopterlandung* und wieder zurück zu schwingen.

Studiere den Zauberschwung mit der rechten Hand ein. Du schwingst drei Kreise des *rechten Strahls der aufgehenden Sonne*. Am linken Scheitelpunkt des vierten Kreises lenkst du das Poi in der Aufwärtsbewegung in die horizontale Schwungbahn nach rechts oben. Hier ist der rechte Scheitelpunkt des *rechten Blattes der Helikopterlandung*. Von hier schwingst du drei Kreise des *rechten Blattes der Helikopterlandung*. Am linken Scheitelpunkt des vierten Kreises steuerst du das Poi in einer Abwärtsbewegung nach rechts unten. Das ist der rechte Scheitelpunkt des *rechten Strahls der aufgehenden Sonne*. Jetzt schwingst du wieder den *rechten Strahl der aufgehenden Sonne*.

Rechte Hand der *Morgenlandung* im Viererwechsel:

RH:	↻	↻	↻	↗	→	→	→	↘
Z:	1	2	3	4	1	2	3	4

Übe jetzt den Zauberschwung der linken Hand. Du schwingst drei Kreise des *linken Strahls der aufgehenden Sonne*. Am rechten Scheitelpunkt des vierten Kreises lenkst du das Poi in der Aufwärtsbewegung nach links oben, in die horizontale Schwungbahn zum linken Scheitelpunkt des *linken Blattes der Helikopterlandung*. Von hier schwingst du drei Kreise des *linken Blattes der Helikopterlandung*. Am rechten Scheitelpunkt des vierten Kreises steuerst du das Poi in einer Abwärtsbewegung nach links unten. Das ist der linke Scheitelpunkt des *linken Strahls der aufgehenden Sonne*. Jetzt schwingst du wieder den *linken Strahl der aufgehenden Sonne*.

Linke Hand der *Morgenlandung* im Viererwechsel:

LH:	↺	↺	↺	↖	←	←	←	↙
Z:	1	2	3	4	1	2	3	4

Kombiniere beide Zauberschwünge zur *Morgenlandung*:

Morgenlandung

Rhythmus-Schema der *Morgenlandung* im Viererwechsel:

RH:	↻	↻	↻	↗	→	→	→	↘
LH:	↺	↺	↺	↖	←	←	←	↙
Z:	1	2	3	4	1	2	3	4

Rhythmus-Schema der *Morgenlandung* im Dreierwechsel:

RH:	↻	↻	↗	→	→	↘
LH:	↺	↺	↖	←	←	↙
Z:	1	2	3	1	2	3

Rhythmus-Schema der *Morgenlandung* im Zweierwechsel:

RH:	↻	↗	→	↘
LH:	↺	↖	←	↙
Z:	1	2	1	2

Tipps für die *Morgenlandung:*

- Schwinge die *Morgenlandung* zunächst langsam und achte genau auf den Zeitpunkt der Umlenkung.
- Falls du Schwierigkeiten haben solltest die Pois längere Zeit über dem Kopf zu spielen, verwende folgende Hilfs-Rhythmus-Schemata:

Hilfs-Rhythmus-Schema 1 zur *Morgenlandung* im Viererwechsel:

RH:	↻	↻	↻	↘	↓	↓	↓	↓
LH:	↺	↺	↺	↙	↓	↓	↓	↓
Z:	1	2	3	4	1	2	3	4

RH:	w↓	w↓	w↓	w↓	→	→	→	↘
LH:	↓w	↓w	↓w	↓w	←	←	←	↙
Z:	1	2	3	4	1	2	3	4

Hilfs-Rhythmus-Schema 2 zur *Morgenlandung* im Viererwechsel:

RH:	↻	↻	↻	↘	↓	↓	↓	↙
LH:	↺	↺	↺	↙	↓	↓	↓	↘
Z:	1	2	3	4	1	2	3	4

RH:	↻	↻	↻	↗	→	→	→	↘
LH:	↺	↺	↺	↖	←	←	←	↙
Z:	1	2	3	4	1	2	3	4

Schwinge den Dreier- und den Zweierwechsel im Hilfs-Rhythmus-Schema!

Herzlichen Glückwunsch!
Mit ein wenig verschlafenen Augen hast du die erste *Morgenlandung* geschafft! Schön, dich gesund und munter zu sehen. Ich hoffe, es geht dir gut.

Flinke rechte Morgenlandung

Lernziel:
In verschiedenen Rhythmen aus dem *flinken rechten Strahl der aufgehenden Sonne* mit Hilfe eines Zauberschwunges in das *flinke rechte Blatt der Helikopterlandung* und wieder zurück zu schwingen.

Spiele die *flinke rechte Morgenlandung* in gleicher Weise wie die *Morgenlandung*. Allerdings führst du den jeweiligen Zauberschwung der rechten Hand um eine halbe Umdrehung früher als den der linken aus.

Rhythmus-Schema *der flinken rechten Morgenlandung* im Viererwechsel:

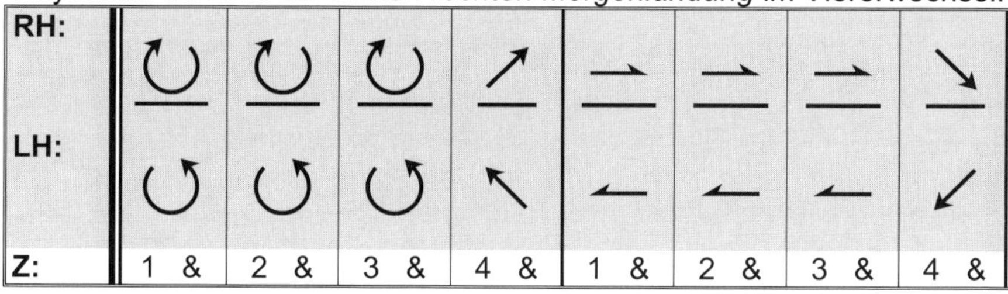

Schwinge den Dreier- und den Zweierwechsel!

Tipps für die *flinke rechte Morgenlandung:*

- Konzentriere dich besonders darauf, dass du stets mit der rechten Hand zuerst umlenkst.
- Falls du Schwierigkeiten haben solltest die Pois längere Zeit über dem Kopf zu spielen, verwende folgende Hilfs-Rhythmus-Schemata:

Hilfs-Rhythmus-Schema 1 zur *flinken rechten Morgenlandung* im Viererwechsel:

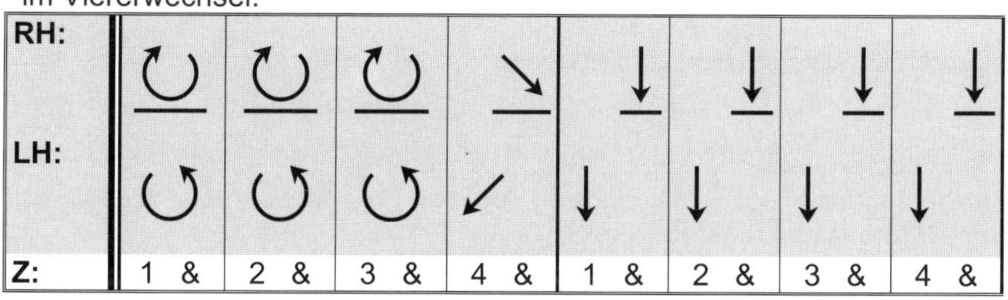

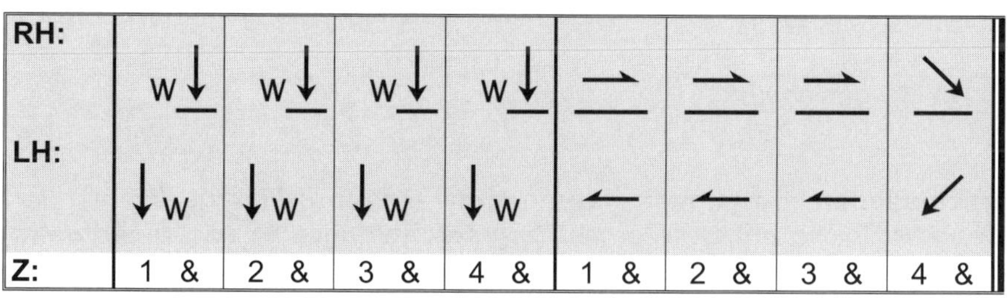

Hilfs-Rhythmus-Schema 2 zur *flinken rechten Morgenlandung* im Viererwechsel:

RH:	↺	↺	↺	↘	↓	↓	↓	↙
LH:	↻	↻	↻	↙	↓	↓	↓	↘
Z:	1 &	2 &	3 &	4 &	1 &	2 &	3 &	4 &

RH:	↺	↺	↺	↗	⇀	⇀	⇀	↘
LH:	↻	↻	↻	↖	↽	↽	↽	↙
Z:	1 &	2 &	3 &	4 &	1 &	2 &	3 &	4 &

Schwinge den Dreier- und den Zweierwechsel im Hilfs-Rhythmus-Schema!

Herzlichen Glückwunsch!
Eine *Morgenlandung* auf eine andere Art und Weise. Langsam wirst du souverän. Darauf darfst du stolz sein!

Flinke linke Morgenlandung

Lernziel:
In verschiedenen Rhythmen aus dem *flinken linken Strahl der aufgehenden Sonne* mit Hilfe eines Zauberschwunges in das *flinke linke Blatt der Helikopterlandung* und wieder zurück zu schwingen.

Schwinge die *flinke linke Morgenlandung* in gleicher Weise wie die *Morgenlandung*. Der linke Zauberschwung setzt um eine halbe Umdrehung früher ein.

Rhythmus-Schema der *flinken linken Morgenlandung* im Viererwechsel:

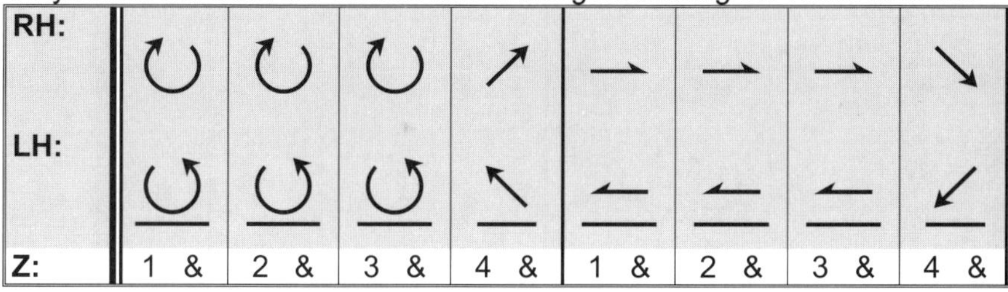

Schwinge den Dreier- und den Zweierwechsel!

Tipps für die *flinke linke Morgenlandung:*

- Konzentriere dich besonders darauf, dass du stets mit der linken Hand zuerst umlenkst.
- Falls du Schwierigkeiten haben solltest die Pois längere Zeit über dem Kopf zu spielen, verwende folgende Hilfs-Rhythmus-Schemata:

Hilfs-Rhythmus-Schema 1 zur *flinken linken Morgenlandung* im Viererwechsel:

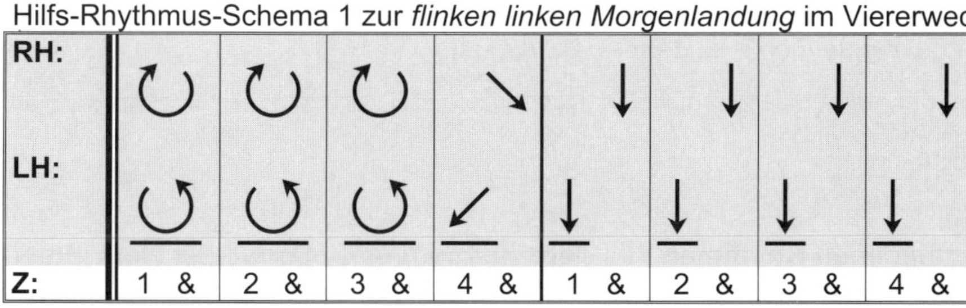

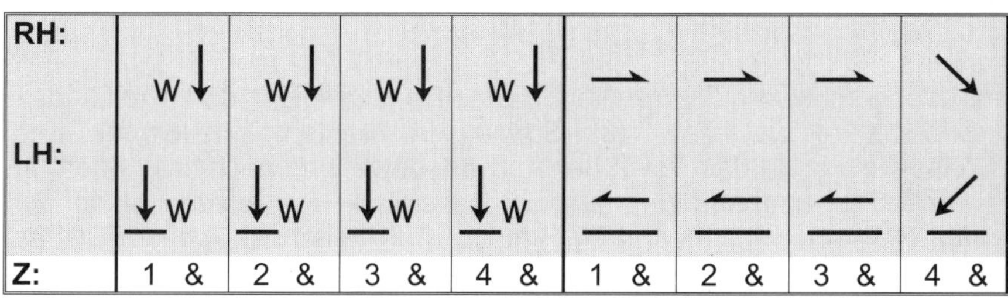

Hilfs-Rhythmus-Schema 2 zur *flinken linken Morgenlandung* im Viererwechsel:

RH:	↻	↻	↻	↘	↓	↓	↓	↙
LH:	↺	↺	↺	↙	↓	↓	↓	↘
Z:	1 &	2 &	3 &	4 &	1 &	2 &	3 &	4 &

RH:	↻	↻	↻	↗	→	→	→	↘
LH:	↺	↺	↺	↖	←	←	←	↙
Z:	1 &	2 &	3 &	4 &	1 &	2 &	3 &	4 &

Schwinge den Dreier- und den Zweierwechsel im Hilfs-Rhythmus-Schema!

Herzlichen Glückwunsch!
Jetzt kennst du den gesamten Zauber der *Morgenlandung*. Hat er dich fasziniert? Wende dich jetzt dem *Abendflug* zu.

Abendflug

Lernziel:
In verschiedenen Rhythmen aus der *untergehenden Sonne* mit Hilfe eines Zauberschwunges in den *abhebenden Helikopter* und wieder zurück zu schwingen.

Übe den Zauberschwung der rechten Hand. Du schwingst drei Kreise des *rechten Strahles der untergehenden Sonne*. Am rechten Scheitelpunkt des vierten Kreises lenkst du das Poi in der Aufwärtsbewegung nach links oben, in die horizontale Schwungbahn zum linken Scheitelpunkt des *rechten Blattes im abhebenden Helikopter*. Von hier schwingst du drei Kreise des *rechten Blattes im abhebenden Helikopter*. Am rechten Scheitelpunkt des vierten Kreises steuerst du das Poi mit einer Abwärtsbewegung nach links unten. Das ist der linke Scheitelpunkt des *rechten Strahls der untergehenden Sonne*. Jetzt schwingst du wieder den *rechten Strahl der untergehenden Sonne*.

Rechte Hand des *Abendflugs* im Viererwechsel:

RH:	↺	↺	↺	↖	←	←	←	↙
Z:	1	2	3	4	1	2	3	4

Lerne jetzt den Zauberschwung der linken Hand. Du schwingst drei Kreise des *linken Strahls der untergehenden Sonne*. Am linken Scheitelpunkt des vierten Kreises lenkst du das Poi in der Aufwärtsbewegung nach rechts oben, in die horizontale Flugbahn zum rechten Scheitelpunkt des *linken Blattes im abhebenden Helikopter*. Von hier schwingst du drei Kreise des *linken Blattes im abhebenden Helikopter*. Am linken Scheitelpunkt des vierten Kreises steuerst du das Poi mit einer Abwärtsbewegung nach rechts unten. Das ist der rechte Scheitelpunkt des *linken Strahls der untergehenden Sonne*. Jetzt schwingst du wieder *den linken Strahl der untergehenden Sonne*.

Linke Hand des *Abendflugs* im Viererwechsel:

LH:	↻	↻	↻	↗	→	→	→	↘
Z:	1	2	3	4	1	2	3	4

Kombiniere beide Zauberschwünge zum *Abendflug*:

Rhythmus-Schema des *Abendflugs* im Viererwechsel:

RH:	↺	↺	↺	↖	←	←	←	↙
LH:	↻	↻	↻	↗	→	→	→	↘
Z:	1	2	3	4	1	2	3	4

Schwinge den Dreier- und den Zweierwechsel!

Tipps für den *Abendflug:*

- Schwinge den *Abendflug* zunächst langsam und achte genau auf den Zeitpunkt der Umlenkung.
- Es ist wichtig die Pois stets parallel zu schwingen.
- Falls du Schwierigkeiten haben solltest die Pois längere Zeit über dem Kopf zu spielen, verwende wieder folgende Hilfs-Rhythmus-Schemata:

Hilfs-Rhythmus-Schema 1 zum *Abendflug* im Viererwechsel:

RH:	↺	↺	↺	↗	↑	↑	↑	↑
LH:	↻	↻	↻	↖	↑	↑	↑	↑
Z:	1	2	3	4	1	2	3	4

RH:	w↑	w↑	w↑	w↑	←	←	←	↙
LH:	↑w	↑w	↑w	↑w	→	→	→	↘
Z:	1	2	3	4	1	2	3	4

Hilfs-Rhythmus-Schema 2 zum *Abendflug* im Viererwechsel:

RH:	↺	↺	↺	↗	↑	↑	↑	↖
LH:	↻	↻	↻	↖	↑	↑	↑	↗
Z:	1	2	3	4	1	2	3	4

RH:	↺	↺	↺	↖	←	←	←	↙
LH:	↻	↻	↻	↗	→	→	→	↘
Z:	1	2	3	4	1	2	3	4

Schwinge den Dreier- und den Zweierwechsel der Hilfs-Rhythmus-Schemata!

Herzlichen Glückwunsch!
Du hebst zum ersten Mal ab - in die Nacht. Ich hoffe, es ist ein schönes Gefühl. Behalte dieses schöne Gefühl in Erinnerung, denn wir sind bald am Ende dieses Buches angelangt.

Flinker rechter Abendflug

Lernziel:
In verschiedenen Rhythmen aus dem *flinken rechten Strahl der untergehenden Sonne* mit Hilfe eines Zauberschwunges in das *flinke rechte Blatt im abfliegenden Helikopter* und wieder zurück zu schwingen.

Spiele den *flinken rechten Abendflug* in gleicher Weise wie den *Abendflug*. Mit dem Unterschied, dass du den jeweiligen Zauberschwung der rechten Hand um eine halbe Umdrehung früher als den der linken ausführst.

Rhythmus-Schema des *flinken rechten Abendflugs* im Viererwechsel:

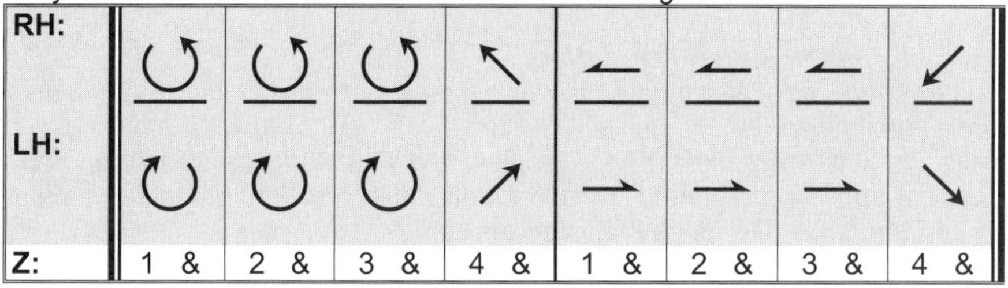

Schwinge den Dreier- und den Zweierwechsel!

Tipps für den *flinken rechten Abendflug:*

- Konzentriere dich besonders darauf, dass du stets mit der rechten Hand zuerst umlenkst.
- Falls du Schwierigkeiten haben solltest die Pois längere Zeit über dem Kopf zu spielen, verwende die Hilfs-Rhythmus-Schemata des *Abendflugs*, allerdings rechts vorversetzt.

Herzlichen Glückwunsch!
Eine weitere Variante des *Abendflugs* ist dir gelungen und der Zauber der Stimmung verfehlt nicht seine Wirkung auf dich. Schön, doch bald werden auch wir uns verabschieden.

Flinker linker Abendflug

Lernziel:
In verschiedenen Rhythmen aus dem *flinken linken Strahl der untergehenden Sonne* mit Hilfe eines Zauberschwunges in *das flinke linke Blatt im abhebenden Helikopter* und wieder zurück zu schwingen.

Übe den *flinken linken Abendflug* in gleicher Weise wie den *Abendflug*. Du weißt was du tun sollst.

Rhythmus-Schema des *flinken linken Abendflugs* im Viererwechsel:

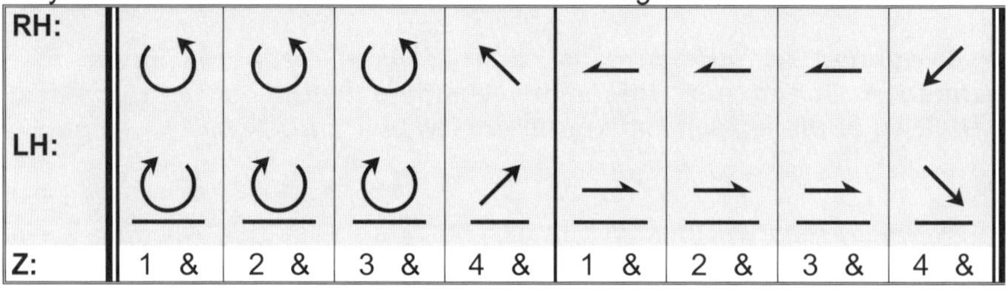

Schwinge den Dreier- und den Zweierwechsel!

Tipps für den *flinken linken Abendflug:*

- Konzentriere dich besonders darauf, dass du stets mit der linken Hand zuerst umlenkst.
- Falls du Schwierigkeiten haben solltest die Pois längere Zeit über dem Kopf zu spielen, verwende zu guter Letzt die Hilfs-Rhythmus-Schemata des *Abendflugs*, allerdings links vorversetzt.

Herzlichen Glückwunsch!
Du kannst nun alle *Abendflüge* und *Zaubereien* dieses Buches spielen. Es liegt die Poi-Nacht vor dir. Dorthin kann ich dich leider nicht mehr begleiten. Vielleicht erinnerst du dich der vielen schönen Erlebnisse, die mit deiner Poi-Biographie verbunden sind.
Ich habe noch einige Übungen für dich parat. Damit kannst du alle in diesem Buch gelernten Schwünge vertiefen und selbst Rhythmus-Schemata zeichnen. Lebe deinen Traum des Poi-Schwingens.
Nach jeder Nacht kommt ein Morgen. Die Nacht brachte Träume und Visionen mit sich. Dort wollen wir uns wiedersehen, und gemeinsam durch die Welt der fliegenden Kugeln ziehen. Denn hinter dem Horizont geht es weiter und ich habe noch viele Schwungfiguren für dich. Viel Spaß beim Poi-Spielen und bis bald!

Rhythmen IV

Lernziel:
Wie bei Rhythmen III.

Rhythmus-Schema 15:

Spiele das folgende Rhythmus-Schema. Welche Schwungfiguren kommen der Reihe nach vor? Schreibe sie auf. Zeichne das Schema in umgekehrter Schwungrichtung und schreibe auch hier die Schwungfiguren-Bezeichnungen auf. Vergleiche dein Ergebnis mit der Lösung im Anhang!

Rhythmus-Schema 15 im Viererwechsel:

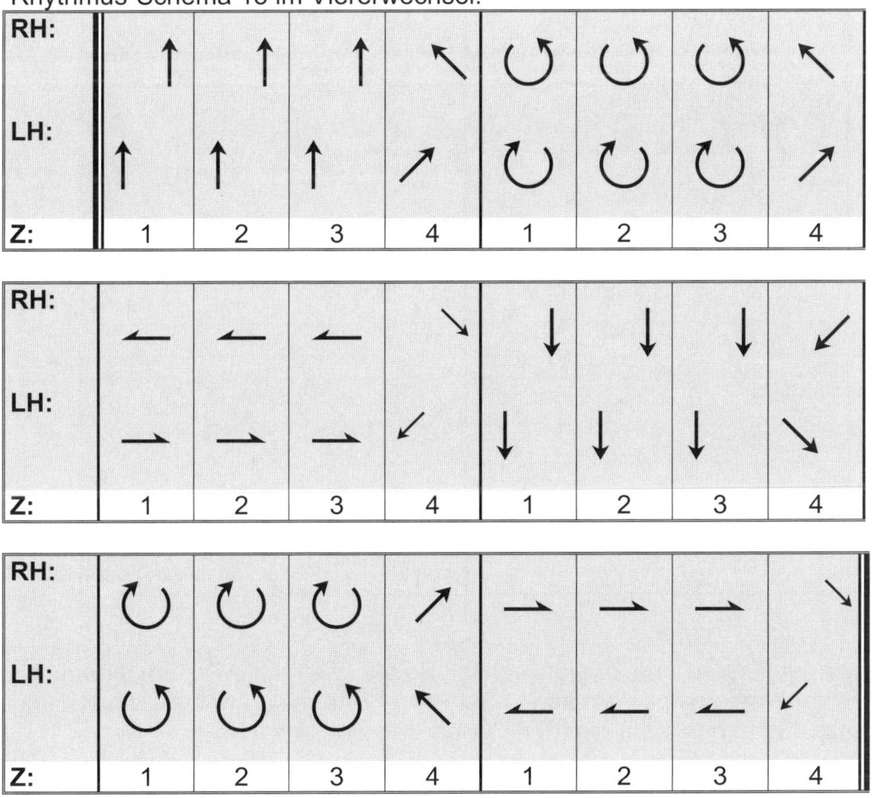

Schwinge den Dreier- und Zweierwechsel. Spiele das rechte Poi um eine halbe Umdrehung vorversetzt, danach das linke um eine halbe Umdrehung vorversetzt. Schwinge auch hier den Dreier- und Zweierwechsel!

Rhythmus-Schema 16:

Spiele das folgende Rhythmus-Schema. Welche Schwungfiguren kommen der Reihe nach vor? Schreibe sie auf. Zeichne das Schema in umgekehrter Schwungrichtung und schreibe auch hier die Schwungfiguren-Bezeichnungen auf. Vergleiche mit der Lösung im Anhang!

Rhythmus-Schema 16 im Viererwechsel:

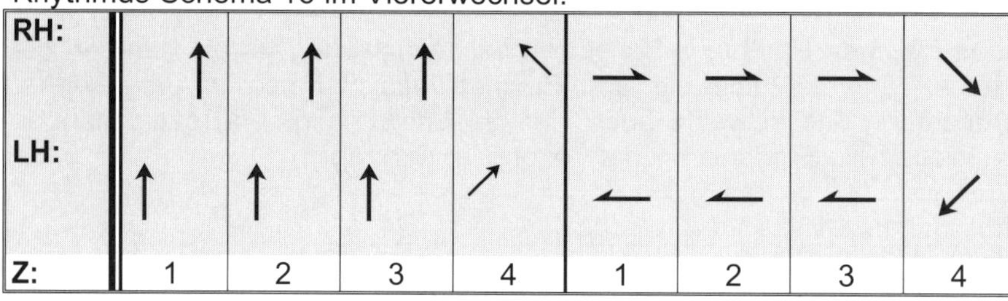

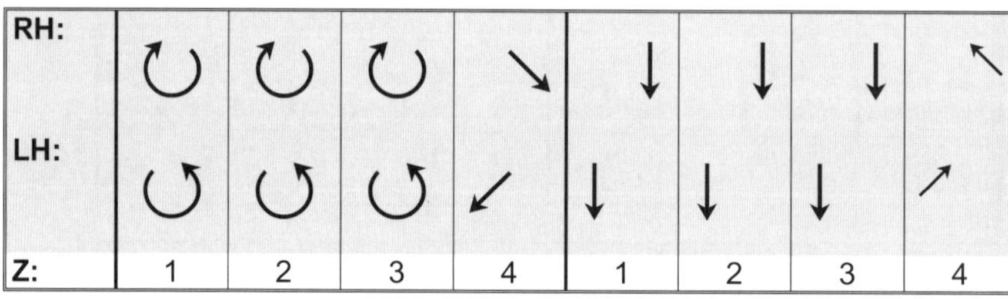

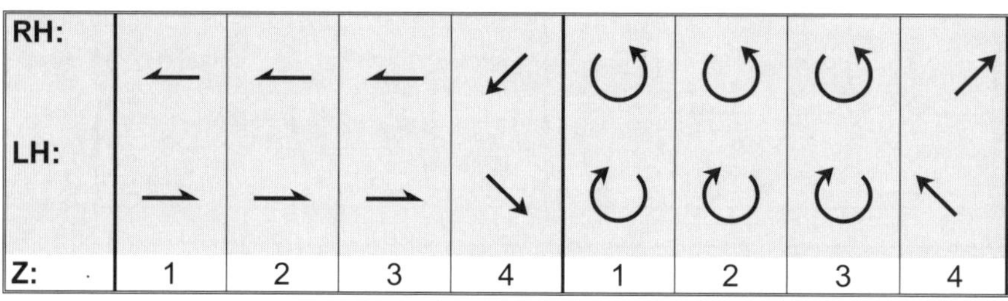

Schwinge den Dreier- und Zweierwechsel. Spiele das rechte Poi um eine halbe Umdrehung vorversetzt, danach das linke um eine halbe Umdrehung vorversetzt. Schwinge auch hier den Dreier- und Zweierwechsel!

Rhythmus-Schema 17:

Spiele das folgende Rhythmus-Schema. Welche Schwungfiguren kommen der Reihe nach vor? Schreibe sie auf. Zeichne das Schema in umgekehrter Schwungrichtung und schreibe auch hier die Schwungfiguren-Bezeichnungen auf. Vergleiche dein Ergebnis mit der Lösung im Anhang!

Rhythmus-Schema 17 im Viererwechsel:

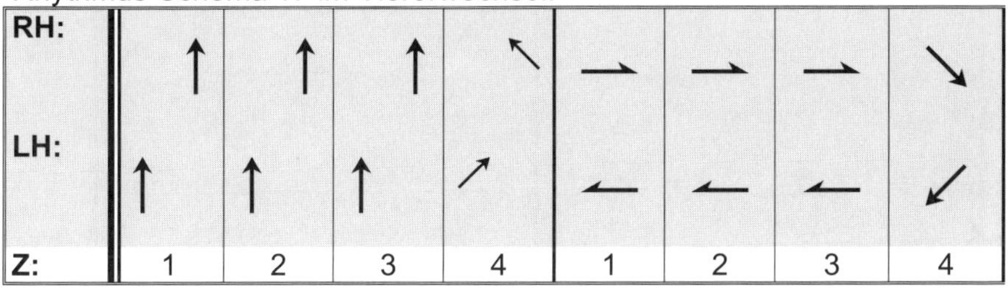

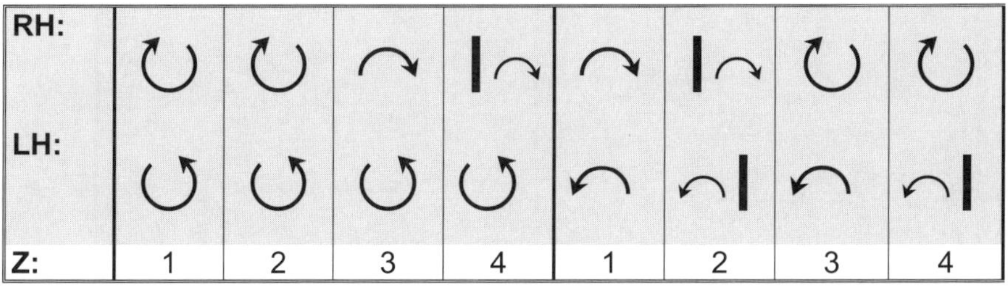

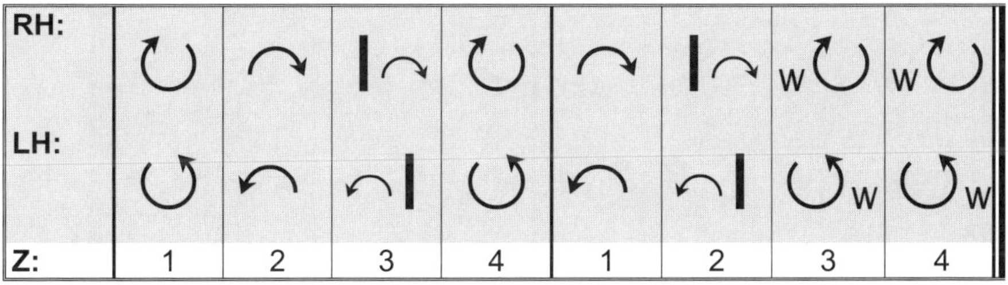

Spiele das rechte Poi um eine halbe Umdrehung vorversetzt, danach das linke um eine halbe Umdrehung vorversetzt!

Rhythmus-Schema 18:

Spiele das folgende Rhythmus-Schema. Welche Schwungfiguren kommen der Reihe nach vor? Schreibe sie auf. Zeichne das Schema in umgekehrter Schwungrichtung und schreibe auch hier die Schwungfiguren-Bezeichnungen auf. Vergleiche mit der Lösung im Anhang!

Rhythmus-Schema 18 im Viererwechsel:

RH:	↓	↓	↓	↖	←	←	←	↘
LH:	↓	↓	↓	↗	→	→	→	↙
Z:	1	2	3	4	1	2	3	4

RH:	↓	↙	↘	↓	↖	←	←	↘
LH:	↓	↘	↙	↓	↗	→	→	↙
Z:	1	2	3	4	1	2	3	4

RH:	↓	↙	↘	↓	↙	↘	↙	↘
LH:	↓	↘	↙	↓	↘	↙	↘	↙
Z:	1	2	3	4	1	2	3	4

Spiele das rechte Poi um eine halbe Umdrehung vorversetzt, danach das linke um eine halbe Umdrehung vorversetzt. Schwinge den Zweierwechsel!

Rhythmus-Schema 19:

Spiele das folgende Rhythmus-Schema. Welche Schwungfiguren kommen der Reihe nach vor? Schreibe sie auf. Zeichne das Schema in umgekehrter Schwungrichtung und schreibe auch hier die Schwungfiguren-Bezeichnungen auf. Vergleiche mit der Lösung im Anhang!

Rhythmus-Schema 19 im Viererwechsel:

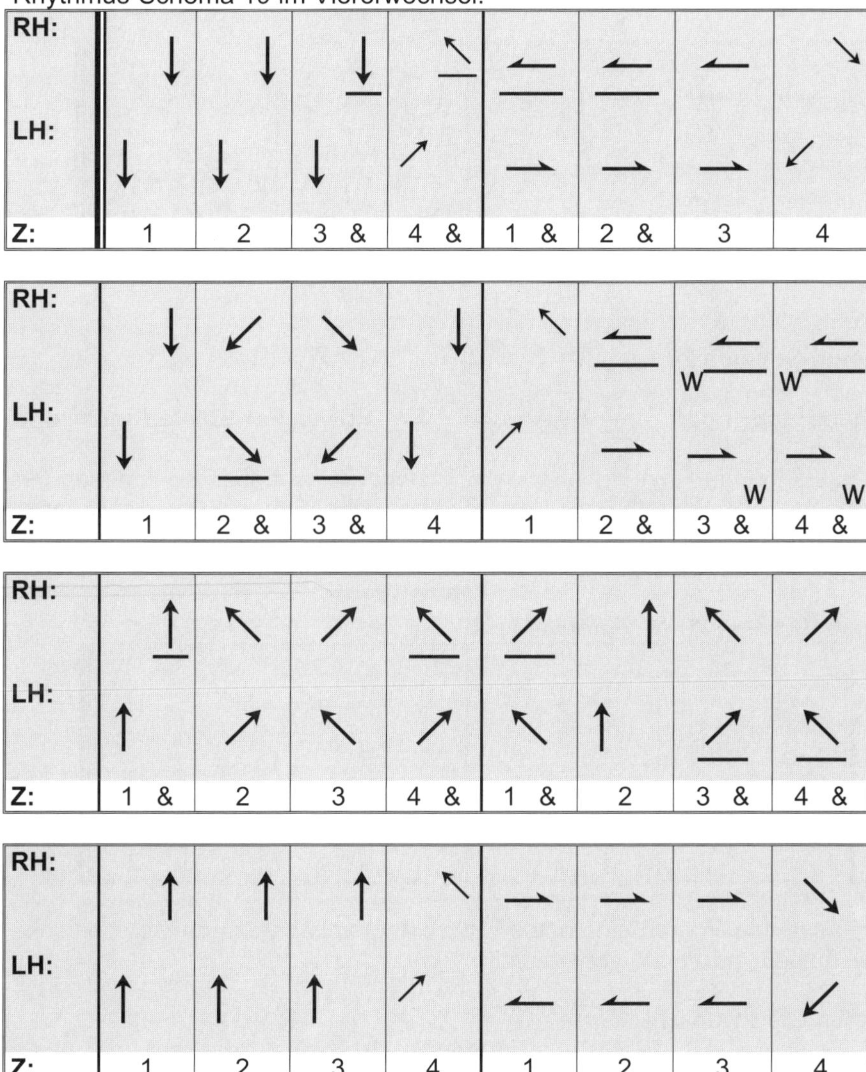

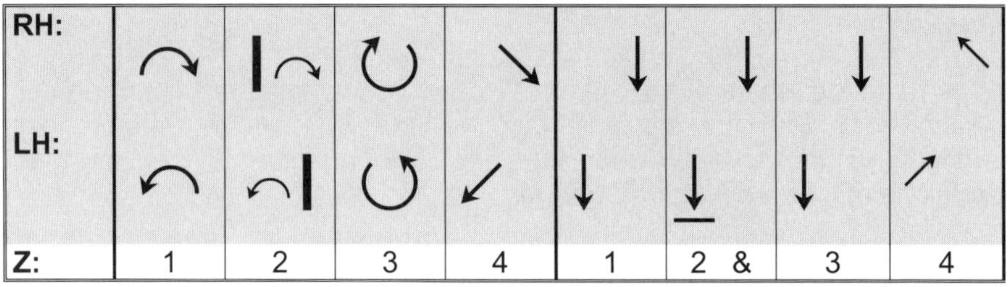

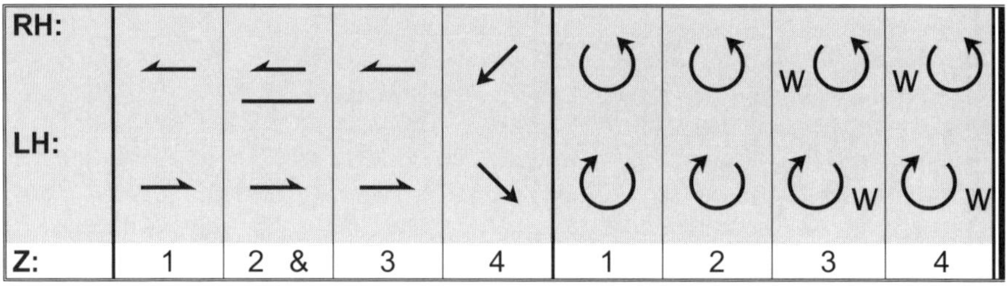

Rhythmus-Schema 20:

Hier habe ich noch ein Zuckerchen für Power-Poi-Spielerinnen und Spieler.
Spiele das folgende Rhythmus-Schema. Welche Schwungfiguren kommen der Reihe nach vor? Schreibe sie auf. Zeichne das Schema in umgekehrter Schwungrichtung und schreibe auch hier die Schwungfiguren-Bezeichnungen auf. Vergleiche mit der Lösung im Anhang!

Rhythmus-Schema 20 im Viererwechsel:

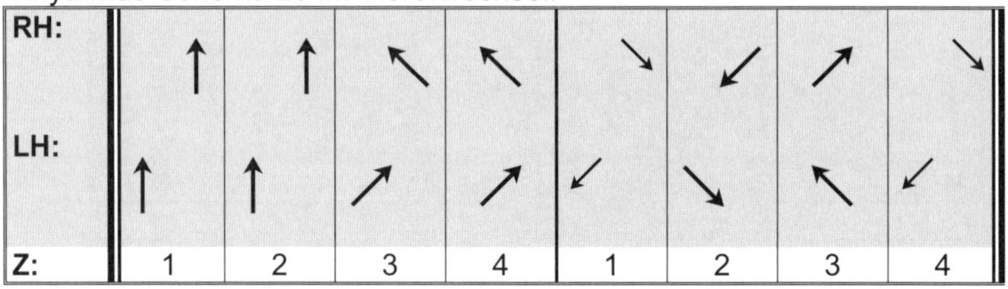

Spiele das rechte Poi um eine halbe Umdrehung vorversetzt, danach das linke um eine halbe Umdrehung vorversetzt!

Herzlichen Glückwunsch!
Dieses Schema ist wirklich ein krönender Abschluss. Es soll dir einen Vorgeschmack geben auf das, was noch kommt. Du bist die Hauptdarstellerin oder der Hauptdarsteller in der unendlichen Geschichte der Poi-Welt.

Poi-Visionen – oder: Hinter dem Horizont geht es weiter

Nun bist du am Ende dieses Buches angelangt. Aber damit sind noch lange nicht alle Möglichkeiten des Poischwingens erschöpft. Es gibt noch zahlreiche Kreisschwünge, wie die *Linkskurve*, die *Abendreise*, den *Brunnen*, die *Zugvögel* oder das *Morgenlicht.* Aber auch weitere Achter- und Zauberschwünge, Körperdrehungen, Isolierungen, Rebounds, Stops und Würfe können gespielt werden. Ich kann mir vorstellen, dass du neugierig bist, was sich dahinter verbirgt. Deshalb wird es eine Fortsetzung geben, an der ich schon arbeite.
Poi-Schwingen in der Pädagogik, in der Therapie und in der Rehabilitation sind noch wenig entwickelt und ein interessantes Arbeitsfeld.
Ständig arbeite ich daran meinen Stil und die Möglichkeiten des Poi-Schwingens zu erweitern. An den Ergebnissen werde ich dich teilhaben lassen.
Ich wünsche dir viel Freude, Spaß und Erfolg mit dem Poi-Schwingen. Bis zum nächsten Buch.

Anhang:

Legende:

In der folgenden Legende sind noch einmal alle Symbole aufgezeichnet und die jeweils möglichen Schwünge zugeordnet. **RH**: ist die rechte Hand, **LH:** die linke Hand. Schwungrichtung kürze ich mit SR ab.

Kreisschwünge:

↑	**RH:** *Zurück rollender Wagen*, rechts neben dem Körper, SR im Uhrzeigersinn, Poi schwingt parallel.
↑	**LH:** *Zurück rollender Wagen*, links neben dem Körper, SR gegen den Uhrzeigersinn, Poi schwingt parallel.
↑̲	**RH:** *Flinkes rechtes Rad im zurück rollenden Wagen*, Poi schwingt vorversetzt.
↑̲	**LH:** *Flinkes linkes Rad im zurück rollenden Wagen*, Poi schwingt vorversetzt.
↓	**RH:** *Voran rollender Wagen*, rechts neben dem Körper, SR gegen den Uhrzeigersinn, Poi schwingt parallel.
↓	**LH:** *Voran rollender Wagen*, links neben dem Körper, SR im Uhrzeigersinn, Poi schwingt parallel.
↓̲	**RH:** *Flinkes rechtes Rad im voran rollenden Wagen*, Poi schwingt vorversetzt.
↓̲	**LH:** *Flinkes linkes Rad im voran rollenden Wagen*, Poi schwingt vorversetzt.
↻	**RH:** *Aufgehende Sonne* oder **LH:** *Untergehende Sonne* vor dem Körper, SR im Uhrzeigersinn, Poi schwingt kreuzend parallel.
↺	**RH:** *Untergehende Sonne* oder **LH:** *Aufgehende Sonne,* vor dem Körper, SR gegen den Uhrzeigersinn, Poi schwingt kreuzend parallel.
↻̲	**RH:** *Flinker rechter Strahl der aufgehenden Sonne,* **LH:** *Flinker linker Strahl der untergehenden Sonne,* Poi schwingt kreuzend vorversetzt.
↺̲	**RH:** *Flinker rechter Strahl der untergehenden Sonne,* **LH:** *Flinker linker Strahl der aufgehenden Sonne,* Poi schwingt kreuzend vorversetzt.
↼	**RH:** *Abhebender Helikopter,* **LH:** *Helikopterlandung,* über dem Kopf, SR im Sichtfeld von rechts nach links, Poi schwingt kreuzend parallel.
⇀	**RH:** *Helikopterlandung,* **LH:** *Abhebender Helikopter,* über dem Kopf, SR im Sichtfeld von links nach rechts, Poi schwingt kreuzend parallel.
↼̲	**RH:** *Flinkes rechtes Blatt im abhebenden Helikopter,* **LH:** *Flinkes linkes Blatt der Helikopterlandung,* Poi schwingt kreuzend vorversetzt.
⇀̲	**RH:** *Flinkes rechtes Blatt der Helikopterlandung,* **LH:** *Flinkes linkes Blatt im abhebenden Helikopter,* Poi schwingt kreuzend vorversetzt.
W	Eine Schwungfigur wandert in die folgende Schwungbahn im Rhythmus-Schema.

Achterschwünge - Zauberschwünge:

↖	**RH, LH:** *Steigendes Kreuz,* von rechts unten nach links oben, SR im Uhrzeigersinn ODER: **RH:** *Abendflug* aus der *Sonne,* **LH:** *Morgenlandung* aus der *Sonne,* von rechts vorne nach links oben, SR gegen den Uhrzeigersinn, Poi schwingt immer kreuzend parallel.
↗	**RH, LH:** *Steigendes Kreuz,* von links unten nach rechts oben, SR gegen den Uhrzeigersinn, ODER: **RH:** *Morgenlandung* aus der *Sonne,* **LH:** *Abendflug* aus der *Sonne* von links vorne nach rechts oben, SR im Uhrzeigersinn, Poi schwingt immer kreuzend parallel.
↖̲	**RH, LH:** *Flink steigende Sternschnuppe*, ODER: **RH:** *Flinker rechter Abendflug* aus der *Sonne* **LH:** *Flinke linke Morgenlandung* aus der *Sonne,* Poi schwingt immer kreuzend vorversetzt.
↗̲	**RH, LH:** *Flink steigende Sternschnuppe*, ODER: **RH:** *Flinke rechte Morgenlandung* aus der *Sonne,* **LH:** *Flinker linker Abendflug* aus der *Sonne,* Poi schwingt immer kreuzend vorversetzt.
↙	**RH, LH:** *Fallendes Kreuz*, von rechts oben nach links unten, SR gegen den Uhrzeigersinn, ODER: **RH:** *Abendflug* aus dem *Helikopter* und **LH:** *Morgenlandung* aus dem *Helikopter,* von rechts oben nach links vorne, SR im Uhrzeigersinn, Poi schwingt immer kreuzend parallel.
↘	**RH, LH:** *Fallendes Kreuz*, von links oben nach rechts unten, SR im Uhrzeigersinn, ODER: **RH:** *Morgenlandung* aus dem *Helikopter* und **LH:** *Abendflug* aus dem *Helikopter,* von links oben nach rechts vorne, SR gegen den Uhrzeigersinn, Poi schwingt immer kreuzend parallel.
↙̲	**RH, LH:** *Flink fallende Sternschnuppe,* ODER: **RH:** *Flinker rechter Abendflug* aus dem *Helikopter* und **LH:** *Flinke linke Morgenlandung* aus dem *Helikopter,* Poi schwingt immer kreuzend vorversetzt.
↘̲	**RH, LH:** *Flink fallende Sternschnuppe*, Poi schwingt vorversetzt. ODER: **RH:** *Flinke rechte Morgenlandung* aus dem *Helikopter* und **LH:** *Flinker linker Abendflug* aus dem *Helikopter,* Poi schwingt immer kreuzend vorversetzt.
↷	**RH:** *Rechtes und volles Morgenrot* von vor dem Körper nach rechts hinter dem Körper führend und **LH:** *Linkes und volles Abendrot,* von rechts hinter dem Körper vor den Körper führend, SR im Uhrzeigersinn, Poi schwingt immer kreuzend parallel.
↶	**RH:** *Rechtes und volles Abendrot* von rechts hinter dem Körper vor den Körper führend und **LH:** *Linkes und volles Morgenrot,* von vor dem Körper nach links hinter den Körper führend, SR gegen den Uhrzeigersinn, Poi schwingt immer kreuzend parallel.
↷̲	**RH:** *Flinker rechter Strahl im rechten und vollen Morgenrot* und **LH:** *Flinker linker Strahl im linken und vollen Abendrot,* Poi schwingt immer kreuzend vorversetzt.
↶̲	**RH:** *Flinker rechter Strahl im rechten und vollen Abendrot* und **LH:** *Flinker linker Strahl im linken und vollen Morgenrot,* Poi schwingt immer kreuzend vorversetzt.

|↷	**RH:** *Rechtes und volles Morgenrot,* rechts hinter dem Körper in Richtung vor den Körper führend, SR im oberen Halbkreis vom Körper weg bewegend, Poi schwingt immer parallel.
|↶	**RH:** *Rechtes und volles Abendrot,* von vor dem Körper rechts hinter den Körper führend, SR im oberen Halbkreis zum Körper hin bewegend, Poi schwingt immer parallel.
|↷̲	**RH:** *Flinker rechter Strahl im rechten und vollen Morgenrot*, Poi schwingt immer vorversetzt.
|↶̲	**RH:** *Flinker rechter Strahl im rechten und vollen Abendrot*, Poi schwingt immer vorversetzt.
↷|	**LH:** *Linkes und volles Abendrot,* von vor dem Körper links hinter den Körper führend, SR im oberen Halbkreis zum Körper hin bewegend, Poi schwingt immer parallel.
↶|	**LH:** *Linkes und volles Morgenrot,* links hinter dem Körper in Richtung vor den Körper führend, SR im oberen Halbkreis vom Körper weg bewegend, Poi schwingt immer parallel.
↷̲|	**LH:** *Flinker linker Strahl im linken und vollen Abendrot*, Poi schwingt immer vorversetzt.
↶̲|	**LH:** *Flinker linker Strahl im linken und vollen Morgenrot*, Poi schwingt immer vorversetzt.
↖	**RH:** *Ankunft* aus dem *Wagen,* von rechts unten nach vorne oben, SR im Uhrzeigersinn, Poi schwingt parallel.
↗	**LH:** *Ankunft* aus dem *Wagen,* von links unten nach vorne oben, SR gegen den Uhrzeigersinn, Poi schwingt parallel.
↖̲	**RH:** *Flinke rechte Ankunft* aus dem *Wagen*, Poi schwingt vorversetzt.
↗̲	**LH:** *Flinke linke Ankunft* aus dem *Wagen,* Poi schwingt vorversetzt.
↗	**RH:** *Ankunft* aus der *Sonne,* von vorne unten nach rechts oben, SR gegen den Uhrzeigersinn, Poi schwingt kreuzend parallel.
↖	**LH:** *Ankunft* aus der *Sonne,* von vorne unten nach links oben, SR im Uhrzeigersinn, Poi schwingt kreuzend parallel.
↗̲	**RH:** *Flinke rechte Ankunft* aus der *Sonne,* Poi schwingt kreuzend vorversetzt.
↖̲	**LH:** *Flinke linke Ankunft* aus der *Sonne,* Poi schwingt kreuzend vorversetzt.
↙	**RH:** *Abschied* aus dem *Wagen,* von rechts oben nach vorne unten, SR gegen den Uhrzeigersinn, Poi schwingt parallel.

↘	**LH:** *Abschied* aus dem *Wagen,* von links oben nach vorne unten, SR im Uhrzeigersinn, Poi schwingt parallel.
↙̲	**RH:** *Flinker rechter Abschied* aus dem *Wagen,* Poi schwingt vorversetzt.
↘̲	**LH:** *Flinker linker Abschied* aus dem *Wagen,* Poi schwingt vorversetzt.
↘	**RH:** *Abschied* aus der *Sonne,* von vorne oben nach rechts unten, SR im Uhrzeigersinn, Poi schwingt kreuzend parallel.
↙	**LH:** *Abschied* aus der *Sonne,* von vorne oben nach links unten, SR gegen den Uhrzeigersinn, Poi schwingt kreuzend parallel.
↘̲	**RH:** *Flinker rechter Abschied* aus der *Sonne,* Poi schwingt kreuzend vorversetzt.
↙̲	**LH:** *Flinker linker Abschied* aus der *Sonne,* Poi schwingt kreuzend vorversetzt.
↖	**RH:** *Abflug* aus dem *Wagen,* von rechts hinten nach vorne oben, SR gegen den Uhrzeigersinn, **RH:** *Landung* aus dem *Wagen,* von rechts vorne nach hinten oben, SR im Uhrzeigersinn, Poi schwingt immer parallel.
↗	**LH:** *Abflug* aus dem *Wagen,* von links hinten nach vorne oben, SR im Uhrzeigersinn, **LH:** *Landung* aus dem *Wagen,* von links vorne nach hinten oben, SR gegen den Uhrzeigersinn, Poi schwingt immer parallel.
↖̲	**RH:** *Flinker rechter Abflug* aus dem *Wagen,* **RH:** *Flinke rechte Landung* aus dem *Wagen,* Poi schwingt immer vorversetzt.
↗̲	**LH:** *Flinker linker Abflug* aus dem *Wagen,* **LH:** *Flinke linke Landung* aus dem *Wagen,* Poi schwingt immer vorversetzt.
↘	**RH:** *Landung* aus dem *Helikopter,* von vorne oben nach rechts hinten, SR gegen den Uhrzeigersinn, **RH:** *Abflug* aus dem *Helikopter*, von hinten oben nach rechts vorne, SR im Uhrzeigersinn, Poi schwingt immer kreuzend parallel.
↙	**LH:** *Landung* aus dem *Helikopter,* von vorne oben nach links hinten, SR im Uhrzeigersinn, **LH:** *Abflug* aus dem *Helikopter*, von hinten oben nach links vorne, SR gegen den Uhrzeigersinn, Poi schwingt immer kreuzend parallel.
↘̲	**RH:** *Flinke rechte Landung* aus dem *Helikopter,* **RH:** *Flinker rechter Abflug* aus dem *Helikopter*, Poi schwingt immer kreuzend vorversetzt.
↙̲	**LH:** *Flinke linke Landung* aus dem *Helikopter,* **LH:** *Flinker linker Abflug* aus dem *Helikopter*, Poi schwingt immer kreuzend vorversetzt.

Lösungen für die Schwungbildbezeichnungen:

Rhythmen I

Rhythmus-Schema 1:
1. *Zurück rollender Wagen*
2. Wanderschwung: *Zurück rollender Wagen* in *aufgehende Sonne*
3. *Aufgehende Sonne*
4. Wanderschwung: *Aufgehende Sonne* in *zurück rollenden Wagen*

Rhythmus-Schema 2:
1. *Untergehende Sonne*
2. Wanderschwung: *Untergehende Sonne* in *voran rollenden Wagen*
3. *Voran rollender Wagen*
4. Wanderschwung: *Voran rollender Wagen* in *untergehende Sonne*

Rhythmus-Schema 3:
1. *Zurück rollender Wagen*
2. Wanderschwung: *Zurück rollender Wagen* in *aufgehende Sonne*
3. *Aufgehende Sonne*
4. *Flinker rechter Strahl der aufgehenden Sonne*
5. *Aufgehende Sonne*
6. *Flinker linker Strahl der aufgehenden Sonne*
7. *Aufgehende Sonne*
8. Wanderschwung: *Aufgehende Sonne* in *zurück rollenden Wagen*

Rhythmus-Schema 4:
1. *Voran rollenden Wagen*
2. Wanderschwung: *Voran rollender Wagen* in *untergehende Sonne*
3. *Untergehende Sonne*
4. *Flinker linker Strahl der untergehenden Sonne*
5. *Untergehende Sonne*
6. *Flinker rechter Strahl der untergehenden Sonne*
7. *Untergehende Sonne*
8. Wanderschwung: *Untergehende Sonne* in *voran rollenden Wagen*

Rhythmus-Schema 5:

1. *Zurück rollender Wagen*
2. *Steigendes Kreuz*
3. *Zurück rollender Wagen*
4. *Flinkes rechtes Rad im zurück rollenden Wagen*
5. *Flink rechts steigende Sternschnuppe*
6. *Flinkes rechtes Rad im zurück rollenden Wagen*
7. *Zurück rollender Wagen*
8. *Steigendes Kreuz*
9. *Zurück rollender Wagen*
10. *Flinkes linkes Rad im zurück rollenden Wagen*
11. *Flink links steigende Sternschnuppe*
12. *Flinkes linkes Rad im zurück rollenden Wagen*

Rhythmus-Schema 6:

1. *Fallendes Kreuz*
2. *Flink rechts fallende Sternschnuppe*
3. *Fallendes Kreuz*
4. *Flink links fallende Sternschnuppe*

Rhythmus-Schema 7:

1. *Rechtes Abendrot*
2. *Linkes Abendrot*
3. *Untergehende Sonne*
4. *Volles Abendrot*
5. *Untergehende Sonne*

Rhythmus-Schema 8:

1. *Voran rollender Wagen*
2. *Fallendes Kreuz*
3. *Voran rollender Wagen*
4. Wanderschwung: *Flinkes rechtes Rad im voran rollenden Wagen* in *untergehende Sonne*
5. *Untergehende Sonne*
6. *Volles Abendrot*
7. *Untergehende Sonne*
8. Wanderschwung: *Flinker linker Strahl der untergehenden Sonne* in *voran rollenden Wagen*

Rhythmus-Schema 8 in umgekehrter Schwungrichtung:

1. *Zurück rollender Wagen*
2. *Steigendes Kreuz*
3. *Zurück rollender Wagen*
4. Wanderschwung: *Flinkes rechtes Rad im zurück rollenden Wagen* in *aufgehende Sonne*
5. *Aufgehende Sonne*
6. *Volles Morgenrot*
7. *Aufgehende Sonne*
8. Wanderschwung: *Flinker linker Strahl der aufgehenden Sonne* in *zurück rollenden Wagen*

Rhythmus-Schema 8 in umgekehrter Schwungrichtung im Viererwechsel:

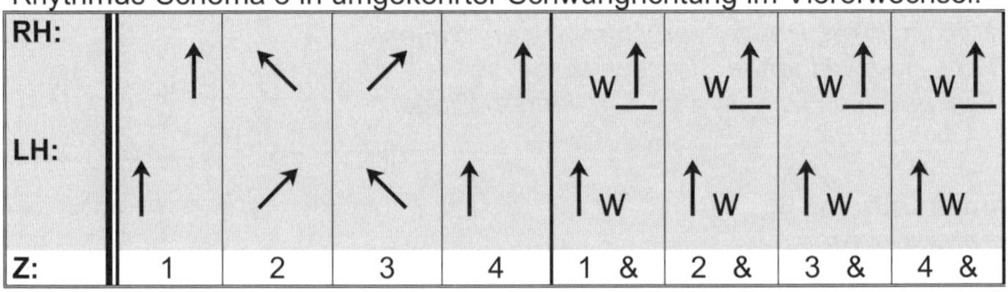

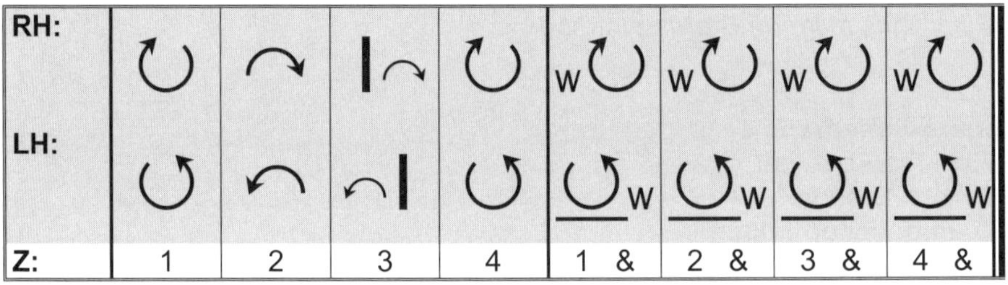

Rhythmus-Schema 9:

1. *Fallendes Kreuz*
2. *Flink links fallende Sternschnuppe*
3. Wanderschwung: *Flinkes rechtes Rad im voran rollenden Wagen* in *rechtes Abendrot*
4. *Rechtes Abendrot*
5. *Volles Abendrot*
6. *Flinker rechter Strahl der untergehenden Sonne*
7. *Linkes Abendrot*
8. Wanderschwung: *Untergehende Sonne* in *fallendes Kreuz*

Rhythmus-Schema 9 in umgekehrter Schwungrichtung:

1. *Steigendes Kreuz*
2. *Flink links steigende Sternschnuppe*
3. Wanderschwung: *Flinkes rechtes Rad im zurück rollenden Wagen* in *rechtes Morgenrot*
4. *Rechtes Morgenrot*
5. *Volles Morgenrot*
6. *Flinker rechter Strahl der aufgehenden Sonne*
7. *Linkes Morgenrot*
8. Wanderschwung: *Aufgehende Sonne* in *steigendes Kreuz*

Rhythmus-Schema 9 in umgekehrter Schwungrichtung im Zweierwechsel:

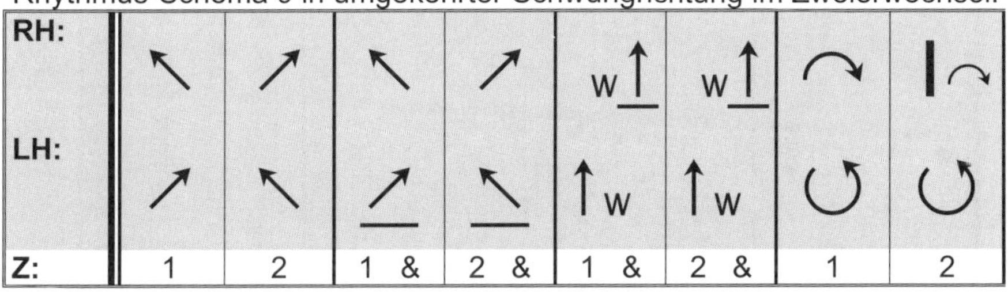

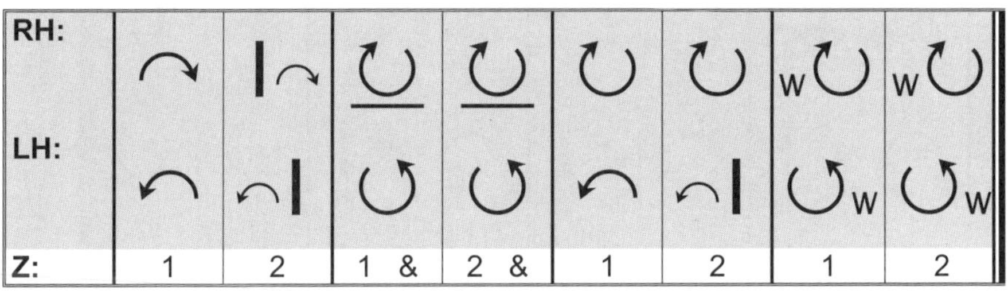

Rhythmus-Schema 10:

1. *Volles Abendrot*
2. Wanderschwung: *Untergehende Sonne* in *fallendes Kreuz*
3. *Fallendes Kreuz*
4. Wanderschwung: *Voran rollender Wagen* in *volles Abendrot*
5. *Volles Abendrot*
6. *Linkes Abendrot*
7. *Volles Abendrot*
8. *Rechtes Abendrot*

Rhythmus-Schema 10 in umgekehrter Schwungrichtung:

1. *Volles Morgenrot*
2. Wanderschwung: *Aufgehende Sonne* in *steigendes Kreuz*
3. *Steigendes Kreuz*
4. Wanderschwung: *Zurück rollender Wagen* in *volles Morgenrot*
5. *Volles Morgenrot*
6. *Linkes Morgenrot*
7. *Volles Morgenrot*
8. *Rechtes Morgenrot*

Rhythmus-Schema 10 in umgekehrter Schwungrichtung im Zweierwechsel:

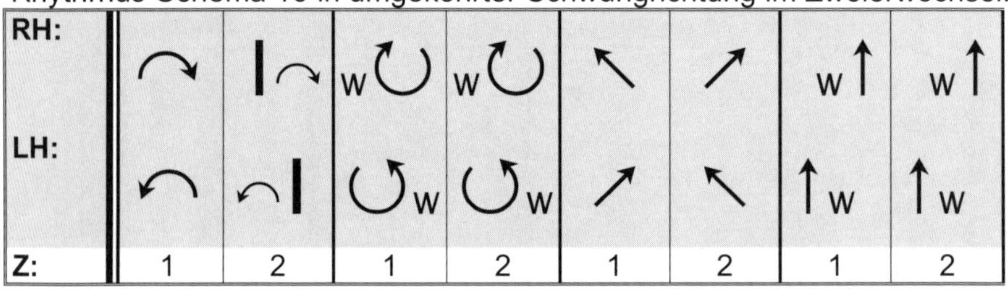

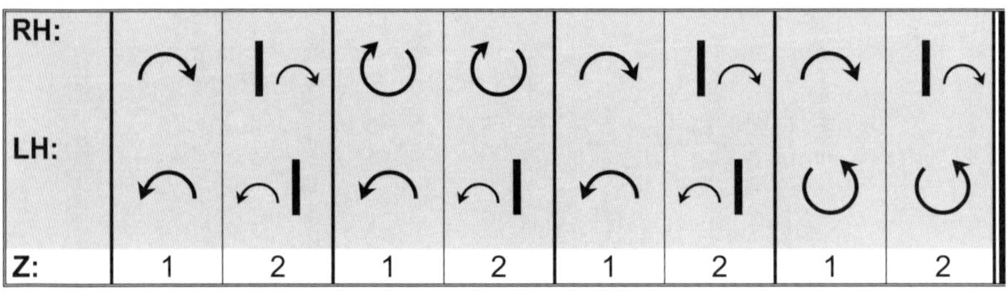

Rhythmen III

Rhythmus-Schema 11:

1. *Zurück rollender Wagen*
2. Wanderschwung: *Zurück rollender Wagen* in *abhebenden Helikopter*
3. *Abhebender Helikopter*
4. Wanderschwung: *Abhebender Helikopter* in *zurück rollenden Wagen*

Rhythmus-Schema 11 in umgekehrter Schwungrichtung:

1. *Voran rollender Wagen*
2. Wanderschwung: *Voran rollender Wagen* in *Helikopterlandung*
3. *Helikopterlandung*
4. Wanderschwung: *Helikopterlandung* in *voran rollenden Wagen*

Rhythmus-Schema 11 in umgekehrter Schwungrichtung im Viererwechsel:

RH:	↓	↓	↓	↓	W↓	W↓	W↓	W↓
LH:	↓	↓	↓	↓	↓W	↓W	↓W	↓W
Z:	1	2	3	4	1	2	3	4

RH:	→	→	→	→	→ W	→ W	→ W	→ W
LH:	←	←	←	←	← W	← W	← W	← W
Z:	1	2	3	4	1	2	3	4

Rhythmus-Schema 12:

1. *Untergehende Sonne*
2. Wanderschwung: *Untergehende Sonne* in *Helikopterlandung*
3. *Helikopterlandung*
4. Wanderschwung: *Helikopterlandung* in *voran rollenden Wagen*
5. *Voran rollender Wagen*
6. *Flinkes rechtes Rad im voran rollenden Wagen*
7. Wanderschwung: *Flinkes rechtes Rad im voran rollenden Wagen* in *flinken rechten Strahl der untergehenden Sonne*
8. *Flinker rechter Strahl der untergehenden Sonne*

Rhythmus-Schema 12 in umgekehrter Schwungrichtung:

1. *Aufgehende Sonne*
2. Wanderschwung: *Aufgehende Sonne* in *abhebenden Helikopter*
3. *Abhebender Helikopter*
4. Wanderschwung: *Abhebender Helikopter* in *zurück rollenden Wagen*
5. *Zurück rollender Wagen*
6. *Flinkes rechtes Rad im zurück rollenden Wagen*
7. Wanderschwung: *Flinkes rechtes Rad im zurück rollenden Wagen* in *flinken rechten Strahl der aufgehenden Sonne*
8. *Flinker rechter Strahl der aufgehenden Sonne*

Rhythmus-Schema 12 in umgekehrter Schwungrichtung im Viererwechsel:

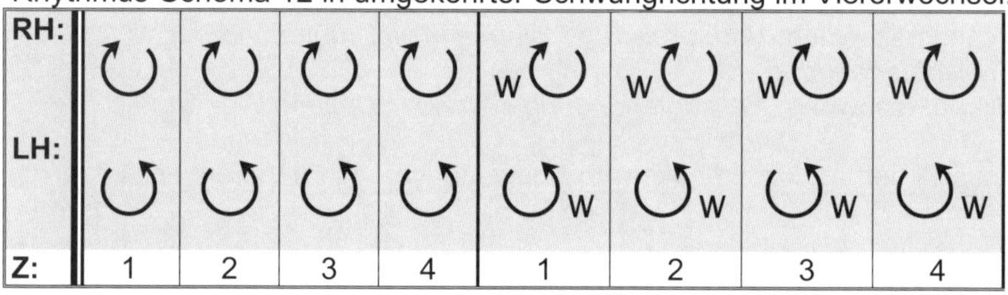

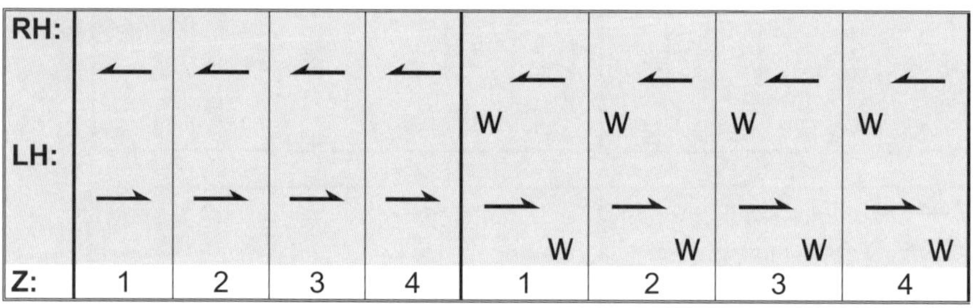

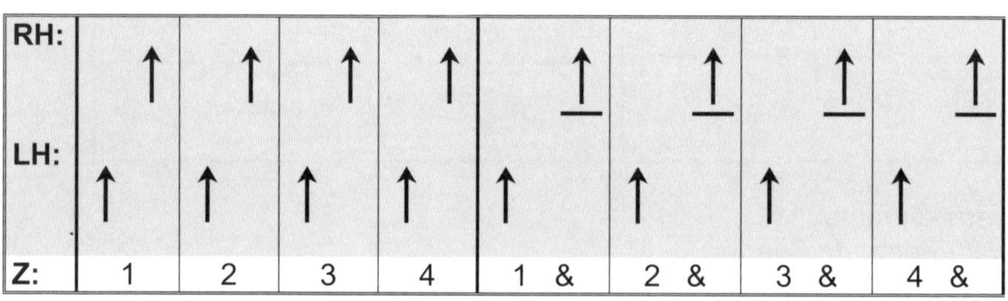

RH:	w↑	w↑	w↑	w↑	↻	↻	↻	↻
LH:	↑w	↑w	↑w	↑w	↺	↺	↺	↺
Z:	1 &	2 &	3 &	4 &	1 &	2 &	3 &	4 &

Rhythmus-Schema 13:

1. *Steigendes Kreuz*
2. Wanderschwung: *Zurück rollender Wagen* in *abhebenden Helikopter*
3. *Abhebender Helikopter*
4. Wanderschwung: *Abhebender Helikopter* in *steigendes Kreuz*

Rhythmus-Schema 13 in umgekehrter Schwungrichtung:

1. *Fallendes Kreuz*
2. Wanderschwung: *Voran rollender Wagen* in *Helikopterlandung*
3. *Helikopterlandung*
4. Wanderschwung: *Helikopterlandung* in *fallendes Kreuz*

Rhythmus-Schema 13 in umgekehrter Schwungrichtung im Viererwechsel:

RH:	↙	↘	↙	↘	w↓	w↓	w↓	w↓
LH:	↘	↙	↘	↙	↓w	↓w	↓w	↓w
Z:	1	2	3	4	1	2	3	4

RH:	→	→	→	→	→ W	→ W	→ W	→ W
LH:	←	←	←	←	← W	← W	← W	← W
Z:	1	2	3	4	1	2	3	4

Rhythmus-Schema 14:

1. *Volles Morgenrot*
2. *Linkes Morgenrot*
3. *Rechtes Morgenrot*
4. *Aufgehende Sonne*
5. Wanderschwung: *Aufgehende Sonne* in *abhebenden Helikopter*
6. *Abhebender Helikopter*
7. Wanderschwung: *Abhebender Helikopter* in *volles Morgenrot*

Rhythmus-Schema 14 in umgekehrter Schwungrichtung:

1. *Volles Abendrot*
2. *Linkes Abendrot*
3. *Rechtes Abendrot*
4. *Untergehende Sonne*
5. Wanderschwung: *Untergehende Sonne* in *Helikopterlandung*
6. *Helikopterlandung*
7. Wanderschwung: *Helikopterlandung* in *volles Abendrot*

Rhythmus-Schema 14 in umgekehrter Schwungrichtung im Viererwechsel:

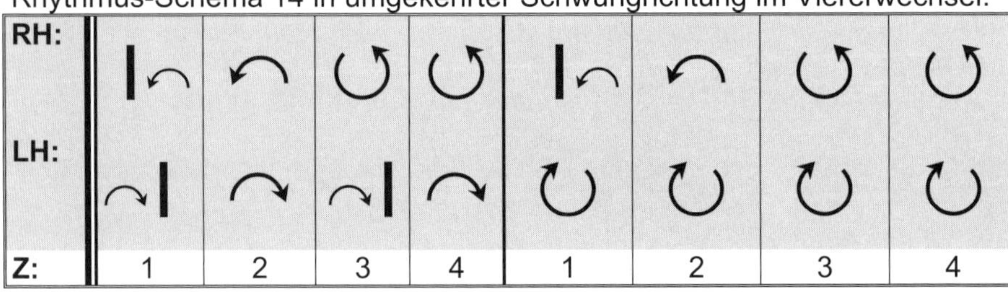

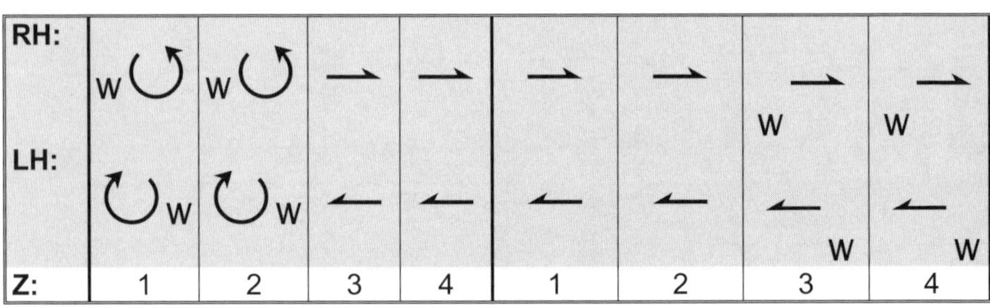

Rhythmus-Schema 15:

1. *Zurück rollender Wagen*
2. *Ankunft*
3. *Untergehende Sonne*
4. *Abendflug*
5. *Abhebender Helikopter*
6. *Abflug*
7. *Voran rollender Wagen*
8. *Abschied*
9. *Aufgehende Sonne*
10. *Morgenlandung*
11. *Helikopterlandung*
12. *Landung*

Rhythmus-Schema 15 in umgekehrter Schwungrichtung:

1. *Voran rollender Wagen*
2. *Abschied*
3. *Aufgehende Sonne*
4. *Morgenlandung*
5. *Helikopterlandung*
6. *Landung*
7. *Zurück rollender Wagen*
8. *Ankunft*
9. *Untergehende Sonne*
10. *Abendflug*
11. *Abhebender Helikopter*
12. *Abflug*

Rhythmus-Schema 15 in umgekehrter Schwungrichtung im Viererwechsel:

RH:	↓	↓	↓	↙	↻	↻	↻	↗
LH:	↓	↓	↓	↘	↺	↺	↺	↖
Z:	1	2	3	4	1	2	3	4

RH:	→	→	→	↘	↑	↑	↑	↖
LH:	←	←	←	↙	↑	↑	↑	↗
Z:	1	2	3	4	1	2	3	4

RH:	↺	↺	↺	↖	←	←	←	↘
LH:	↻	↻	↻	↗	→	→	→	↙
Z:	1	2	3	4	1	2	3	4

Rhythmus-Schema 16:

1. *Zurück rollender Wagen*
2. *Landung*
3. *Helikopterlandung*
4. *Morgenlandung*
5. *Aufgehende Sonne*
6. *Abschied*
7. *Voran rollender Wagen*
8. *Abflug*
9. *Abhebender Helikopter*
10. *Abendflug*
11. *Untergehende Sonne*
12. *Ankunft*

Rhythmus-Schema 16 in umgekehrter Schwungrichtung:

1. *Voran rollender Wagen*
2. *Abflug*
3. *Abhebender Helikopter*
4. *Abendflug*
5. *Untergehende Sonne*
6. *Ankunft*
7. *Zurück rollender Wagen*
8. *Landung*
9. *Helikopterlandung*
10. *Morgenlandung*
11. *Aufgehende Sonne*
12. *Abschied*

Rhythmus-Schema 16 in umgekehrter Schwungrichtung im Viererwechsel:

RH:	↓	↓	↓	↖	←	←	←	↙
LH:	↓	↓	↓	↗	→	→	→	↘
Z:	1	2	3	4	1	2	3	4

RH:	↺	↺	↺	↗	↑	↑	↑	↖
LH:	↻	↻	↻	↖	↑	↑	↑	↗
Z:	1	2	3	4	1	2	3	4

RH:	→	→	→	↘	↻	↻	↻	↘
LH:	←	←	←	↙	↺	↺	↺	↙
Z:	1	2	3	4	1	2	3	4

Rhythmus-Schema 17:

1. *Zurück rollender Wagen*
2. *Landung*
3. *Helikopterlandung*
4. *Morgenlandung*
5. *Aufgehende Sonne*
6. *Rechtes Morgenrot*
7. *Volles Morgenrot*
8. *Linkes Morgenrot*
9. *Aufgehende Sonne*
10. *Volles Morgenrot*
11. *Aufgehende Sonne*
12. *Volles Morgenrot*
13. Wanderschwung: *Aufgehende Sonne* in *zurück rollender Wagen*

Rhythmus-Schema 17 in umgekehrter Schwungrichtung:

1. *Voran rollender Wagen*
2. *Abflug*
3. *Abhebender Helikopter*
4. *Abendflug*
5. *Untergehende Sonne*
6. *Rechtes Abendrot*
7. *Volles Abendrot*
8. *Linkes Abendrot*
9. *Untergehende Sonne*
10. *Volles Abendrot*
11. *Untergehende Sonne*
12. *Volles Abendrot*
13. Wanderschwung: *Untergehende Sonne* in *voran rollenden Wagen*

Rhythmus-Schema 17 in umgekehrter Schwungrichtung im Viererwechsel:

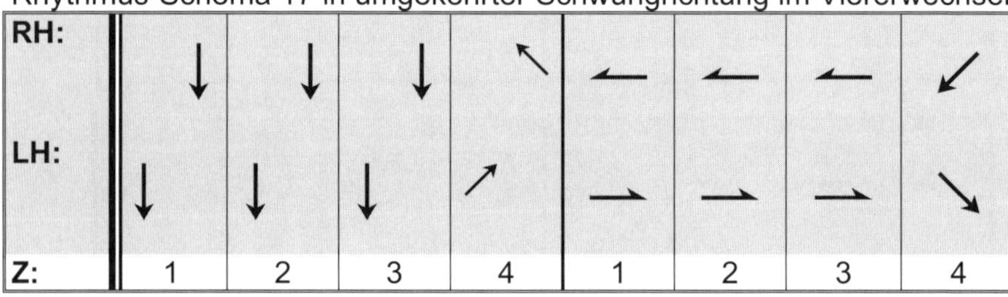

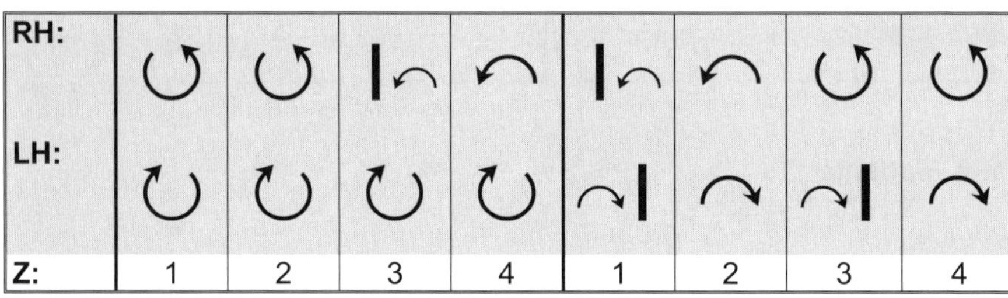

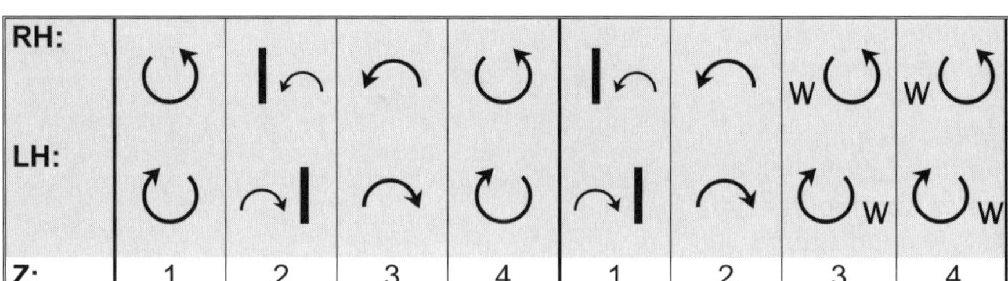

Rhythmus-Schema 18:

1. *Voran rollender Wagen*
2. *Abflug*
3. *Abhebender Helikopter*
4. *Abflug*
5. *Voran rollender Wagen*
6. *Fallendes Kreuz*
7. *Voran rollender Wagen*
8. *Abflug*
9. *Abhebender Helikopter*
10. *Abflug*
11. *Voran rollender Wagen*
12. *Fallendes Kreuz*
13. *Voran rollender Wagen*
14. *Fallendes Kreuz*

Rhythmus-Schema 18 in umgekehrter Schwungrichtung:

1. *Zurück rollender Wagen*
2. *Landung*
3. *Helikopterlandung*
4. *Landung*
5. *Zurück rollender Wagen*
6. *Steigendes Kreuz*
7. *Zurück rollender Wagen*
8. *Landung*
9. *Helikopterlandung*
10. *Landung*
11. *Zurück rollender Wagen*
12. *Steigendes Kreuz*
13. *Zurück rollender Wagen*
14. *Steigendes Kreuz*

Rhythmus-Schema 18 in umgekehrter Schwungrichtung im Viererwechsel:

RH:	↑	↑	↑	↖	→	→	→	↘
LH:	↑	↑	↑	↗	←	←	←	↙
Z:	1	2	3	4	1	2	3	4

RH:	↑	↖	↗	↑	↖	→	→	↘
LH:	↑	↗	↖	↑	↗	←	←	↙
Z:	1	2	3	4	1	2	3	4

RH:	↑	↖	↗	↑	↖	↗	↖	↗
LH:	↑	↗	↖	↑	↗	↖	↗	↖
Z:	1	2	3	4	1	2	3	4

Rhythmus-Schema 19:

1. *Voran rollender Wagen*
2. *Flinkes rechtes Rad im voran rollenden Wagen*
3. *Flinker rechter Abflug*
4. *Flinkes rechtes Blatt im abhebenden Helikopter*
5. *Abhebender Helikopter*
6. *Abflug*
7. *Voran rollender Wagen*
8. *Flink links fallende Sternschnuppe*
9. *Voran rollender Wagen*
10. *Abflug*
11. *Flinkes rechtes Blatt im abhebenden Helikopter*
12. Wanderschwung: *Flinkes rechtes Blatt im abhebenden Helikopter* in *flinkes rechtes Rad im zurück rollenden Wagen*
13. *Flinkes rechtes Rad im zurück rollenden Wagen*
14. *Steigendes Kreuz*
15. *Flink rechts steigende Sternschnuppe*
16. *Zurück rollender Wagen*
17. *Flink links steigende Sternschnuppe*
18. *Zurück rollender Wagen*
19. *Landung*
20. *Helikopterlandung*
21. *Morgenlandung*
22. *Volles Morgenrot*
23. *Aufgehende Sonne*
24. *Abschied*
25. *Voran rollender Wagen*

26. *Flinkes linkes Rad im voran rollenden Wagen*
27. *Voran rollender Wagen*
28. *Abflug*
29. *Abhebender Helikopter*
30. *Flinkes rechtes Blatt im abhebenden Helikopter*
31. *Abhebender Helikopter*
32. *Abendflug*
33. *Untergehende Sonne*
34. Wanderschwung: *Untergehende Sonne* in *voran rollender Wagen*

Rhythmus-Schema 19 in umgekehrter Schwungrichtung:

1. *Zurück rollender Wagen*
2. *Flinkes rechtes Rad im zurück rollenden Wagen*
3. *Flinke rechte Landung*
4. *Flinkes rechtes Blatt in der Helikopterlandung*
5. *Helikopterlandung*
6. *Landung*
7. *Zurück rollender Wagen*
8. *Flink links steigende Sternschnuppe*
9. *Zurück rollender Wagen*
10. *Landung*
11. *Flinkes rechtes Blatt in der Helikopterlandung*
12. Wanderschwung: *Flinkes rechtes Blatt in der Helikopterlandung* in *flinkes rechtes Rad im voran rollenden Wagen*
13. *Flinkes rechtes Rad im voran rollenden Wagen*
14. *Fallendes Kreuz*
15. *Flink rechts fallende Sternschnuppe*
16. *Voran rollender Wagen*
17. *Flink links fallende Sternschnuppe*
18. *Voran rollender Wagen*
19. *Abflug*
20. *Abhebender Helikopter*
21. *Abendflug*
22. *Volles Abendrot*
23. *Untergehende Sonne*
24. *Ankunft*
25. *Zurück rollender Wagen*
26. *Flinkes linkes Rad im zurück rollenden Wagen*
27. *Zurück rollender Wagen*
28. *Landung*
29. *Helikopterlandung*
30. *Flinkes rechtes Blatt in der Helikopterlandung*
31. *Helikopterlandung*
32. *Morgenlandung*
33. *Aufgehende Sonne*
34. Wanderschwung: *Aufgehende Sonne* in *zurück rollenden Wagen*

Rhythmus-Schema 19 in umgekehrter Schwungrichtung im Viererwechsel:

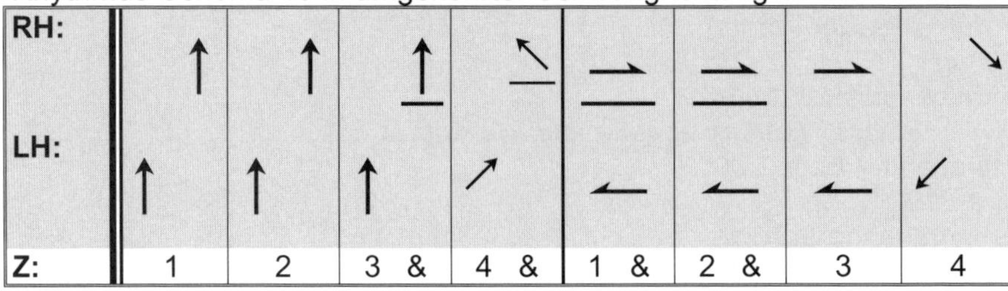

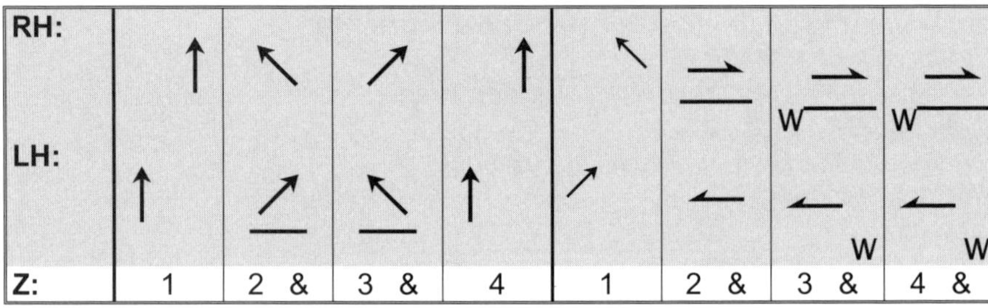

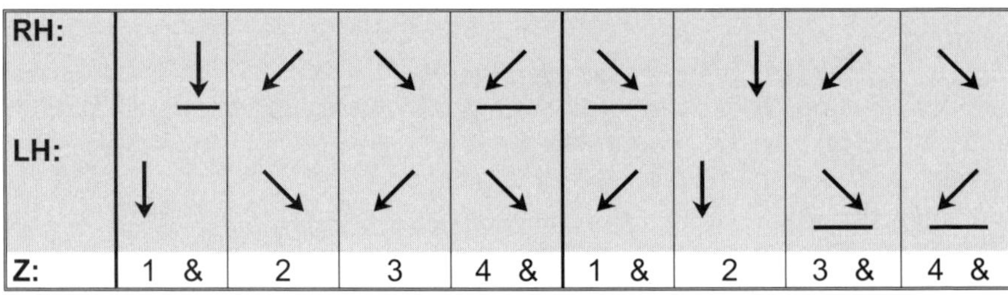

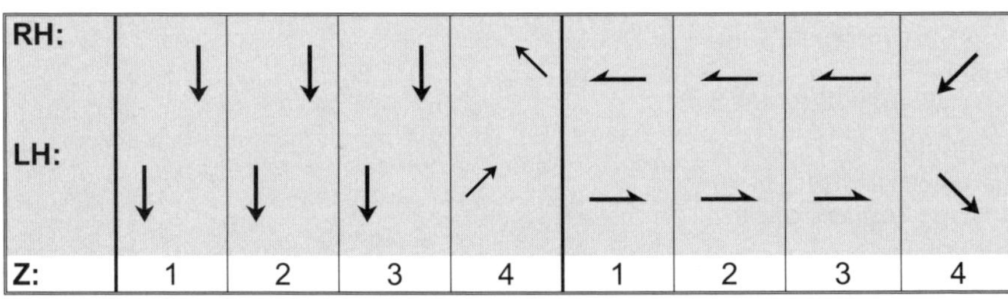

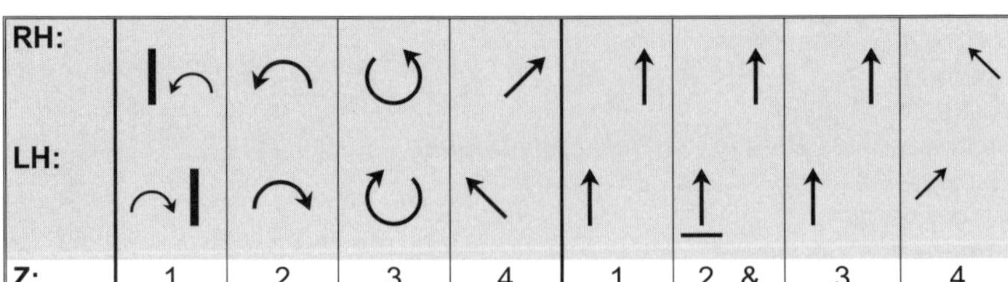

RH:	→	→ —	→	↘	↻	↻	w↻	w↻
LH:	←	←	←	↙	↺	↺	↺w	↺w
Z:	1	2 &	3	4	1	2	3	4

Rhythmus-Schema 20:

1. *Zurück rollender Wagen*
2. *Ankunft*
3. *Abendflug*
4. *Abflug*
5. *Abschied*
6. *Morgenlandung*
7. *Landung*

Rhythmus-Schema 20 in umgekehrter Schwungrichtung:

1. *Voran rollender Wagen*
2. *Abschied*
3. *Morgenlandung*
4. *Landung*
5. *Ankunft*
6. *Abendflug*
7. *Abflug*

Rhythmus-Schema 20 in umgekehrter Schwungrichtung im Viererwechsel:

RH:	↓	↓	↙	↗	↘	↖	↖	↘
LH:	↓	↓	↘	↖	↙	↗	↗	↙
Z:	1	2	3	4	1	2	3	4

Rhythmusschemata zum Kopieren und selbst schreiben:

RH:								
LH:								
Z:	1	2	3	4	1	2	3	4

RH:								
LH:								
Z:	1	2	3	4	1	2	3	4

RH:						
LH:						
Z:	1	2	3	1	2	3

RH:						
LH:						
Z:	1	2	3	1	2	3

RH:								
LH:								
Z:	1	2	1	2	1	2	1	2

RH:								
LH:								
Z:	1	2	1	2	1	2	1	2

RH:								
LH:								
Z:	1	2	3	4	1	2	3	4

RH:								
LH:								
Z:	1	2	3	4	1	2	3	4

RH:								
LH:								
Z:	1	2	3	4	1	2	3	4

RH:						
LH:						
Z:	1	2	3	1	2	3

RH:						
LH:						
Z:	1	2	3	1	2	3

RH:						
LH:						
Z:	1	2	3	1	2	3

RH:								
LH:								
Z:	1	2	3	4	1	2	3	4

RH:								
LH:								
Z:	1	2	3	4	1	2	3	4

RH:								
LH:								
Z:	1	2	3	4	1	2	3	4

RH:								
LH:								
Z:	1	2	3	4	1	2	3	4

RH:								
LH:								
Z:	1	2	3	4	1	2	3	4

RH:								
LH:								
Z:	1	2	3	4	1	2	3	4

Weitere Veröffentlichungen von Klaus Scheuermann

Spielerisch bewegen...

152 Seiten, ISBN 3-926292-13-X

Diese vielseitige Spiele-Sammlung verbindet die Lust am Spiel mit der Freude an der Bewegungskunst. Zunächst für das Poi-Schwingen beschrieben, eignen sich viele dieser Spiele auch für die unterschiedlichsten Disziplinen des Jonglierens.

Schwingen nach Noten 1

184 Seiten, ISBN 3-926292-12-1

Dies ist der erste Band der neuen Reihe „Schwingen nach Noten“. Zu beliebten aktuellen Liedern der Pop- und Rockmusik von Anastacia, Avril Lavigne, Brosis, Eminem, JCA, Herbert Grönemeyer, Rolling Stones und Shakira erscheinen hier Choreographien für Poi-Schwinger. Da deren Präzision in Rhythmus und Ausdruck unübertroffen ist und sich bislang jedem Interessierten innerhalb kürzester Zeit diese Art und Weise bildlicher Poi-Choreographie nachhaltig erschloss, möchte dieser Band für die Rhythmus-Schemata werben. Für Anfänger wie Fortgeschrittene leicht verständlich und einprägsam wird die „Grammatik“ der Rhythmus-Schemata in dem grundlegenden Buch: „Die Faszination der fliegenden Kugeln“ erläutert.
Der Wunsch, Bewegung und Musik miteinander zu verbinden, bewegte mich seit meiner ersten Begegnung mit den fliegenden Kugeln. Mit viel Liebe, Begeisterung und einiger Anstrengung wurde diese Sammlung erstellt.

Schwingen nach Noten 2

187 Seiten, ISBN 3-926292-14-8

Dies ist der zweite Band der neuen Reihe „Schwingen nach Noten". Zu beliebten Klassikern der Pop- und Rockmusik von AC/DC, Ärzte, Joe Cocker, Doro, Genesis, Herbert Grönemeyer, In Extremo, Phil Collins, Roxette, Scooter, Skid Row, Sweet und Van Halen erscheinen hier Choreographien für Poi-Schwinger. Da deren Präzision in Rhythmus und Ausdruck unübertroffen ist und sich bislang jedem Interessierten innerhalb kürzester Zeit diese Art und Weise bildlicher Poi-Choreographie nachhaltig erschloss, möchte dieser Band für die Rhythmus-Schemata werben. Für Anfänger wie Fortgeschrittene leicht verständlich und einprägsam wird die „Grammatik" der Rhythmus-Schemata in dem grundlegenden Buch: „Die Faszination der fliegenden Kugeln" erläutert.

Schwingen nach Noten 3

182 Seiten, ISBN 3-926292-19-9

Dieser Band erweitert das Repertoire der Schwungfiguren aus: „Die Faszination der fliegenden Kugeln ungemein. Erstmals werden asynchrone Schwünge und Stops (Raps) im Choreographieaufbau verwendet. Zu Musiktiteln von Christina Aguilera, Xavier Naidoo, The Rasmus, Evanescence, Sarah Conner, Santana, Eros Ramazzotti, Simply Red, Outlandish, R. Kelly, No Angels, Melanie C. usw. enthält diese Sammlung wieder zahlreiche Choreographien zum Poi-Schwingen.

Schwingen nach Noten 4

184 Seiten, ISBN 3-926292-21-0

Dieser Band erweitert wieder das Repertoire der Schwungfiguren aus: „Die Faszination der fliegenden Kugeln“. Erstmals werden der Verfolger oder die Wave, Körperdrehungen, Isolierungen, Schwünge über dem Kopf und hinter dem Rücken integiert. Desweiteren sind wieder viele asynchrone Schwünge und Stops (Raps) im Choreographieaufbau verwendet. Zu Musiktiteln von Anastacia, Black Eyed Peas, Dido, Jamelia, Jannette, Lasgo, Red Hot Chili Peppers, Sabina Sather feat. Glashaus, Sheryl Craw, Sublime, Wolfsheim, Wir sind Helden, Zeichen der Zeit usw. enthält diese Sammlung zahlreiche Choreographien zum Poi-Schwingen.

Schwingen nach Noten 5

175 Seiten, ISBN 3-926292-20-2

Dieser Band erweitert nochmals das Repertoire der Schwungfiguren aus: „Die Faszination der fliegenden Kugeln. Erstmals werden der Verfolger oder die Wave hinter dem Rücken und über dem Kopf, Rebounds, Würfe und neue Schwungebenen in das Notationssystem integriert. Des weiteren sind wieder viele Körperdrehungen, Isolierungen, asynchrone Schwünge und Stops (Raps) im Choreographieaufbau verwendet. Zu Musiktiteln von Anastacia, Lionel Richie, Madonna, Nelly Furtado, Nickelback, No Doubt und Pink enthält diese Sammlung wieder zahlreiche Choreographien zum Poi-Schwingen.

Inspiration Feuer

56 Seiten, ISBN 3-926292-17-2

Feuer fasziniert und inspiriert den Menschen seit Urzeiten. Dieser Fotosammelband soll zum meditativen Verweilen einladen. Die atemberaubenden Effekte der Feuerkreise – durch das Poi-Schwingen kreiert und die vom Autor dazu formulierten Gedanken geben diesem Werk eine ganz individuelle Note.

Welcome to the world of Poi

180 pages, ISBN 3-926292-11-3

This book teaches the basics of twirling. First of all for twirling Poi, but also for twirling meteors, bolas and clubs. Through systematic learning of the different moves it is done in an easy and quick way. Even at the beginning it is possible to do endless combinations by using easy and a few moves only. With the help of metaphors a twirling picture can be kept in mind. Each single move has its own name and they are semantically linked to each other. A new choreography writing opens unbelievable possibilities. Twirling can be done like playing a rhythm instrument. Music, motion and emotion are combined perfectly. Welcome to the world of Poi!

Swinging games

152 pages, ISBN 3-926292-18-0

This versatile collection of games links the fun of playing games with the enjoyment of the art of movement. Originally created for twirling Poi, these games suitable for almost every juggling utensil.

Twirling Poi to music 1

182 pages, ISBN 3-926292-15-6

This is the first volume of the new series "Twirling Poi to music". Choreographies to popular, newly released pop songs and rock music from Avril Lavigne, Eminem, Jennifer Lopez, Nelly, Norah Jones, The Red Hot Chili Peppers, The Rolling Stones and Shakira are published here for Poi players. The demand for Poi-choreography is rising therefore, I would like this book to promote these patterns of rhythm. They are written, in an a way which is easy to understand, for beginners and advanced players. The "grammar" of the rhythms, which is taken from the fundamental book: "Welcome to the world of Poi", is easy to learn.

I have had the wish to combine movement and music with each other since my first encounter with the poi. With a lot of love, enthusiasm and some effort this collection has been compiled.

Twirling Poi to music 2

184 pages, ISBN 3-926292-16-4

This is the second volume of the series "Twirling Poi to music". Choreographies to popular classical songs from the pop and rock music of AC/DC, Bon Jovi, Bruce Springsteen, Genesis, Joe Cocker, Lynyrd Skynyrd, Men At Work, Peter Gabriel, Phil Collins, Roxette, Scooter, Skid Row, Sweet Van Halen, ZZ Top are published here for Poi-players. The demand for Poi-choreography is rising, therefore I would like this book to promote these patterns of rhythm. They are written, in an a way which is easy to understand, for beginners and advanced players. Again the "grammar" of the rhythms is taken from the fundamental book: "Welcome to the world of Poi".

Notizen:

Notizen:

Notizen:

Notizen:

Notizen:

Notizen:

Notizen: